COMO
PLATÃO
falava
DE
FILOSOFIA

DENNYS GARCIA XAVIER

COMO PLATÃO *falava* DE FILOSOFIA

São Paulo
2022

LVM
EDITORA

Copyright © 2022 – Dennys Garcia Xavier
Copyright © de edição – LVM Editora

Os direitos desta edição pertencem à LVM Editora, sediada na
Rua Leopoldo Couto de Magalhães Júnior, 1098, Cj. 46 – Itaim Bibi
04.542-001 • São Paulo, SP, Brasil
Telefax: 55 (11) 3704-3782
contato@lvmeditora.com.br

Gerente Editorial | Chiara Ciodarot
Editor-chefe | Marcos Torrigo
Revisão ortográfica e gramatical | Mariana Diniz Lion
Preparação dos originais | Mariana Diniz Lion
Capa | Mariangela Ghizellini
Ilustrações | Antonio da Hora
Projeto gráfico | Mariangela Ghizellini
Diagramação | Décio Lopes
Impressão e acabamento | PlenaPrint

Impresso no Brasil, 2022

Dados Internacionais de Catalogação na Publicação (CIP)
Angélica Ilacqua CRB-8/7057

X18c	Xavier, Dennys G.
	Como Platão falava de filosofia / Dennys G. Xavier. – São Paulo: LVM Editora, 2022.
	192 p.
	Bibliografia
	ISBN 978-65-5052-053-3
	1. Filosofia antiga 2. Platão I. Título II. Mossoi, Helena
22-5936	CDD 184

Índices para catálogo sistemático:

1. Filosofia antiga

Reservados todos os direitos desta obra.
Proibida a reprodução integral desta edição por qualquer meio ou forma, seja eletrônica ou mecânica, fotocópia, gravação ou qualquer outro meio sem a permissão expressa do editor. A reprodução parcial é permitida, desde que citada a fonte.
Esta editora se empenhou em contatar os responsáveis pelos direitos autorais de todas as imagens e de outros materiais utilizados neste livro. Se porventura for constatada a omissão involuntária na identificação de algum deles, dispomo-nos a efetuar, futuramente, as devidas correções.

CONSELHO ACADÊMICO
— LVM EDITORA —

Adriano de Carvalho Paranaíba
Instituto Federal de Educação, Ciência e Tecnologia de Goiás (IFG)

Alberto Oliva
Universidade Federal do Rio de Janeiro (UFRJ)

André Luiz Santa Cruz Ramos
Centro Universitário IESB

Dennys Garcia Xavier
Universidade Federal de Uberlândia (UFU)

Fabio Barbieri
Universidade de São Paulo (USP)

Marcus Paulo Rycembel Boeira
Universidade Federal do Rio Grande do Sul (UFRGS)

Mariana Piaia Abreu
Universidade Presbiteriana Mackenzie

Paulo Emílio Vauthier Borges de Macedo
Universidade do Estado do Rio de Janeiro (UERJ)

Ubiratan Jorge Iorio
Universidade do Estado do Rio de Janeiro (UERJ)

Vladimir Fernandes Maciel
Universidade Presbiteriana Mackenzie

SUMÁRIO

9 | **Proêmio**

13 | **Introdução**

25 | **Capítulo I**
O critério tradicional de interpretação das obras de Platão e os problemas que o tornam insustentável

41 | **Capítulo II**
Os autotestemunhos do Fedro e da Carta VII

95 | **Capítulo III**
A tradição indireta e os princípios supremos de Platão

141 | **Capítulo IV**
O Demiurgo no Timeu à luz das lições doutrinais

185 | **Referências**

PROÊMIO

Como Platão falava de filosofia? Eis uma pergunta que poucos dos seus leitores estão dispostos a fazer. Reina, em geral, a errônea percepção de que, para entendermos o que o filósofo pensou, basta proceder como em qualquer outro caso: pegamos os textos que nos chegaram do autor, lemos, e... pronto: temos um quadro mais ou menos acabado do seu corpus filosófico. Bem, sinto informar, mas, com Platão, a coisa não é assim tão evidente. Como tentarei demonstrar aqui, estamos diante de um filósofo que especulou com enorme dedicação sobre as formas pelas quais podemos/devemos falar de filosofia. Formas que, naturalmente, condicionaram o seu próprio modo de falar as coisas da filosofia e que, então, fizeram dele um pensador sui generis também aqui.

A mensagem, então, deve restar clara desde já: se você lê Platão como lê qualquer outro filósofo, você errará na compreensão geral da sua obra. O texto platônico é como um jogo no qual só chegamos às fases mais interessantes e complexas se conseguimos decifrar as variáveis, os caminhos que se colocam diante de nós. Jogadores que não entenderam as regras implícitas do jogo, morrem nas primeiras fases. Jogadores habilidosos, que buscaram entender a estrutura compositiva que está além do que é imediatamente dado, avançam.

Tentei ser o mais didático possível nas linhas que seguem, sem, no entanto, perder o rigor científico/conceitual. Espero ter conseguido balizar minimamente os problemas e as soluções que se põem em nosso horizonte quando nos propomos a este que é um dos mais belos desafios do espírito humano: ler/compreender Platão, nome incontroverso do Panteão dos grandes pensadores. Se eventualmente não consegui ser mais claro em alguma passagem, terei que me escorar nas duas únicas explicações possíveis: ou nas minhas limitações como explicador do tema ou nas dificuldades próprias da matéria. Ambas têm suas razões de ser.

O mestre Maurizio Migliori, que me orientou nos estudos doutorais na Itália, dizia sempre que os verdadeiros livros não são os escritos apenas para os estudiosos das matérias sobres as quais se debruçam. Espero, sinceramente, que este livro esteja no universo dos textos referidos pelo Prof. Migliori[1]. Que todos vocês, especialistas e não especialistas nos temas evocados aqui, encontrem nas próximas páginas esclarecimento intelectual e erudição filosófica desafiadores o suficiente para que as reflexões delas derivadas se tornem conquista perene e útil.

DENNYS GARCIA XAVIER,
nas Minas Gerais, outubro de 2022.

---

1. Deixei em notas os elementos mais técnicos das análises e referências bibliográficas. Não especialistas podem facilmente abrir mão delas. Especialistas terão ali as fontes essenciais das linhas argumentativas. Transliterei alguns termos gregos importantes para que estudiosos tenham a referência do idioma original. As traduções do grego e das línguas modernas são minhas.

*Aos meus pais, Edir e Sirlei,
com amor e gratidão.*

INTRODUÇÃO

Para entendermos como Platão falava de filosofia, considero ser indispensável, à guisa de estratégia, prestar contas do atual estado das questões relativas a dois modelos interpretativos[2] que, ao menos nos últimos sessenta anos, protagonizam severos debates travados entre os estudiosos do filósofo, quais sejam: o paradigma tradicional, cujas premissas foram inauguradas por Friedrich Daniel Ernst Schleiermacher (1768-1834) na sua célebre e revolucionária Introdução geral à tradução alemã dos diálogos de Platão[3], e o paradigma alternativo àquele outro (ou Novo Paradigma) – cuja versão mais bem-acabada foi, até agora, construída por Hans Krämer, Konrad Gaiser e por Giovanni Reale (expoentes da

---

2. Para um comentário sobre aqueles paradigmas, ver REALE, Giovanni. *Para uma nova interpretação de Platão*. Tradução de Marcelo Perine. São Paulo: Ed. Loyola, 1997, pp. 23-53.
3. SCHLEIERMACHER, Friedrich D.E. *Einleitung In*: Platons Werke, I, 1. Berlim, 1804. Texto traduzido para o português por Georg Otte: *Introdução aos diálogos de Platão*. Belo Horizonte: Ed. UFMG, 2002 (do qual citamos).

assim chamada escola de Tübingen-Milão) — que orienta, de forma decisiva, os meus caminhos neste livro4.

Por ora, talvez baste dizer que as divergências entre aqueles paradigmas interpretativos têm como pano de fundo o julgamento sobre a real importância que as assim chamadas *doutrinas não-escritas* de Platão devem ter para uma ideal compreensão do seu pensamento e, em especial, das suas obras escritas. De modo geral, o primeiro deles — o paradigma tradicional (de Schleiermacher) — defende uma plena identificação entre o conteúdo filosófico extraído dos diálogos escritos pelo nosso filósofo — considerados peças literárias autossuficientes — e a totalidade do pensamento de Platão, enquanto que o outro, ao contrário, sustenta como correta uma leitura dos diálogos mediada por lições que Platão não teria escrito (isso mesmo, como veremos adiante, Platão não parece ter escrito toda a sua filosofia!), extraídas da *tradição indireta* consagrada ao seu pensamento, isto é, por fontes tardias que teriam registrado isso que Platão pode ter dito em lições na sua escola — a Academia —, mas não escrito. Por isso mesmo, o debate entre os dois paradigmas poderia ser resumido, com a arbitrariedade que é peculiar aos resumos, entre os "antiesotéricos", negadores de uma doutrina platônica oral e os "esotéricos", defensores de uma filosofia de Platão não totalmente registrada nos escritos do filósofo.

---

4. A primeira obra a adotar completamente o novo paradigma hermenêutico (ou "paradigma alternativo") foi a de Krämer, Hans. *Arete bei Platon und Aristoteles*. Heidelberg, Carl Winter, 1959; por sua vez, a obra principal de Konrad Gaiser é *Platons ungeschriebene Lehre*. Stuttgart, Klett Verlag, 1963. Mais recentemente, Reale publicou a obra mais completa sobre o tema — com uma extensa publicização das conclusões da *escola de Tübingen* mais uma análise exegética de alguns dos Diálogos mais importantes de Platão, sob nova chave hermenêutica —, a *Per una nuova interpretazione di Platone: Rilettura della metafisica dei grandi dialoghi alla luce delle "Dottrine non scritte"*, Milano, Vita e Pensiero, 1991.

INTRODUÇÃO

> Vocês acharam que teriam vida fácil? Se quiserem entender tudo o que pensei, terão que buscar as minhas lições não-escritas!

Atualmente, muitos dão como certa a existência de duas tradições comunicativas em Platão: uma "direta" (extraída dos seus famosos diálogos e cartas) e outra "indireta", fixada por alguns de seus discípulos e por filósofos posteriores. Entretanto, diversamente do que parece ocorrer com praticamente todos os outros pensadores antigos, cujas filosofias foram exteriormente registradas (registradas por outros pensadores), a "tradição indireta" de Platão não é apenas um compilado doxográfico cujo objetivo é tratar exclusivamente de conteúdos já postos nos seus textos[5]: trata-se, também, de um catálogo de testemunhos e comentários sobre uma doutrina reservada a lições orais – às quais Aristóteles se refere como as "Doutrinas não-escritas" (*ágrapha dógmata*)[6] –, supostamente discutida e aperfeiçoada por Platão e por seus discípulos no interior da Academia e não registrada (ou registrada apenas de maneira estranha e incompleta) nos seus textos. Ignorada ou subvalorizada por séculos de estudos dedicados ao ateniense Platão, a *tradição indireta* passou a ser – após a consolidação do paradigma interpretativo fundado pelos expoentes da *escola de Tübingen-Milão* e ainda que submetida a um sem-número de polêmicas – ferramenta indispensável para o leitor que, comprometido com os critérios científicos mais básicos, não abre mão de todas as fontes legítimas de informação a respeito do objeto sobre o qual se debruça. Num quadro, temos o seguinte:

---

5. REALE, G. Il "Platone Italiano" di Hans Krämer. In: KRÄMER, H. Platone e i fondamenti della metafisica. Milano: Vita e Pensiero, 2001, p. 16. Cf. KRÄMER, Hans. Op. cit., p. 119.
6. Física, IV, 209b 11-17.

Platão	
Tradição direta (obras escritas por ele)	Tradição indireta (obras que outros filósofos e comentadores escreveram, nas quais há referências a Platão)
Platão escreveu livros na forma de diálogos, com personagens conversando entre si sobre temas de filosofia, e, ao que tudo indica, escreveu cartas. No presente estado das pesquisas apenas uma delas é realmente considerada de Platão, a famosa *Carta VII* (*Carta Sétima*). Ainda falarei sobre ela mais adiante.	Essa tradição indireta pode ser chamada também de doxografia (*dóxa*, no grego, significa "opinião"). Logo, *doxografia* seria um "compilado de opiniões" de alguns filósofos sobre outros. Nesse caso, estou a falar de textos de alguns filósofos sobre Platão e a sua obra: a doxografia platônica.
Se Platão teve mesmo lições não-escritas, isso significa que, mesmo tendo acesso a muita coisa que ele escreveu (eventualmente tudo, caso único na história dos filósofos antigos), não temos acesso a tudo o que ele pensou. Nesse caso, teremos que buscar completar o significado do que temos escrito para além dos escritos!	Em algumas passagens da tradição indireta, nessas obras de outros autores antigos que falam de Platão, encontramos notícias de lições orais do nosso filósofo, lições que não teriam sido registradas nos escritos. Nosso esforço, nesse caso, teria que ser o seguinte: unir o que Platão escreveu e as lições orais dele, às quais só conseguimos ter acesso porque outros falaram delas em seus escritos.

A despeito do que afirmam alguns críticos – e, não obstante as diversas dificuldades que evoca –, julgo não haver razão para se supor que a *tradição indireta* de Platão seja mais (ou menos) difícil de trabalhar do que a doxografia referente a outros pensadores que nada ou muito pouco escreveram – ainda que ela estivesse em condições muito piores do que está na realidade. Ademais, parece-me perfeitamente razoável inferir que ou se deva aceitar a doxografia enquanto forma autêntica de recuperar e pôr a salvo parte importante do pensamento e da história de *todos* os pensadores que dela dispõem ou se lhe deva negar, também para *todos*, e com mesmo rigor, a validade científica. Quem considera plausível que a pesquisa histórico-filosófica fundada sobre uma base doxográfica tenha sentido, não poderá, por via de consequência, decidir diversamente no caso de Platão (a não ser que tal base seja propositadamente afastada da pesquisa – configurando assim um quadro da mais indisfarçável desonestidade científica). De mais a mais, ainda que envolto numa teia de complexos problemas interpretativos, o estatuto daquela *tradição indireta* deve evocar um grau de rigor e confiança que, por duas razões, supera o de todas as outras relativas a filósofos antigos: i) boa parte dela foi concebida por discípulos diretos de Platão, participantes ativos da vida na Academia e, então, inteirados do conteúdo das lições do mestre, escritas ou não-escritas[7] e ii) pode-se estabelecer uma fecunda relação entre ela e a extensa obra escrita de Platão, já que não parecem ser poucas as remissões dos diálogos escritos à parte não-escrita do pensamento do nosso filósofo (como, em parte, poderemos ver). É importante salientar por fim que, para os seguidores do Novo Paradigma exegético (aquele, de Tübingen-Milão), da *tradição indireta* platônica não se extrai meramente uma doutrina *negligenciável*, *preparatória* ou *introdutória* para a leitura dos diálogos. Não se trata de um conteúdo acessório qualquer, como que um complemento em certo grau dispensável para a compreensão da filosofia do ateniense. Diga-se, a esse propósito, que a presumida superioridade dos discursos doutrinais/orais

---

7. Platão, *Carta VII*, 345b.

aduzidos daquela tradição deve provir exatamente do objeto sobre os quais aparentemente versam, os assim chamados *princípios supremos de toda a realidade (tà perì phýseos ákra kaì próta)*[8] – sim, Platão teria reservado para a oralidade uma doutrina sobre os princípios que fundamentam completamente a realidade...algo que, então, não pode ser ignorado como se fosse uma coisa "secundária" por qualquer dos seus leitores. Os tais discursos orais, pelo que podemos extrair das fontes que nos chegaram, deixam entrever – e nesse ponto voltarei outras vezes – que toda a cosmologia pensada por Platão decorre de uma única oposição entre princípios metaideais: o Uno (*hén*) e a Díada Indefinida (*aoristos dyas*) ou Díada do grande-e-do-pequeno (*méga kaì mikrón*). De acordo com alguns dos testemunhos da *tradição indireta*, aos discípulos e amigos da Academia, Platão costumava afirmar que todas as coisas – as aparências e as formas inteligíveis – eram causadas, *em última instância*, por dois princípios fundamentais. Seja isso verdade, a tentativa de uma explicação do mundo e de construção de uma ontologia – ontologia é o estudo sobre o ser, sobre o que existe – deveria se basear, para Platão, na tensão entre dois princípios fundamentais, reciprocamente ativos e funcionalmente interdependentes. A confiar nas notícias daqueles testemunhos, como veremos, as doutrinas não-escritas de Platão remetem a um plano suprafísico no qual o "Uno" e a "Díada Indefinida" agem como princípios contrapostos causadores de toda a realidade: o primeiro princípio plasmando, produzindo unidade, estabilidade e duração, e o segundo princípio causando dissolução, multiplicação, instabilidade e transformação[9]. Desse modo, a pluralidade, a diferença e a gradação dos entes nasceriam da ação do *Uno*, que moldaria e determinaria o princípio oposto da *Díada*, ligado à

---

8. GAISER, K. *La dottrina non scritta di Platone*. Milano: Vita e Pensiero, 1994, p. 7.
9. GAISER, K. *Op. Cit.* p. 201.

multiplicidade absoluta[10]. Numa explicação mais simples, vocês estão lembrados daquela explicação na escola? Para Platão há "dois mundos": um, sensível, material, físico, que se transforma (este nosso mundo) e um mundo superior, não-físico, imaterial, com Formas perfeitas e incorruptíveis...os célebres "mundo sensível" e "mundo inteligível" (ou "das Ideias") de Platão. Pois é: parece que a coisa não termina por aí. Com o acesso à filosofia oral do filósofo, temos ainda um "segundo andar" no "mundo das Ideias", outra instância de existência para além das Ideias, uma instância fundadora de tudo o que existe, desde as Ideias até o mundo sensível. Prepare-se aí porque vem coisa boa...

Bem, motivado pelas razões que expus até aqui, procurei fazer uma análise também de um diálogo de Platão chamado *Timeu*. Um texto belíssimo, que traz a cosmologia do nosso autor, isto é, o modo como, para ele, o Cosmos veio-a-ser. Tentei, à luz de alguns dos testemunhos que versam sobre as doutrinas não-escritas de Platão, compreender de maneira mais clara as intrincadas relações existentes no diálogo entre o mundo sensível, o mundo inteligível e o Demiurgo (o famoso deus "construtor" do mundo físico). Tentei discernir, entre outras coisas, o modo segundo o qual o Demiurgo atua na configuração do mundo sensível e o quanto (e de que modo) ele depende, em sua atuação, dos *princípios supremos da realidade* – aqueles ainda mais altos do que o mundo das Ideias – e de que modo, afinal, ele pressupõe a matéria de que o mundo é feito[11].

Pelo que se vê então, não tenho a intenção de relegar para segundo plano a leitura crítica das obras literárias de Platão. O paradigma hermenêutico alternativo não pretende *absolutizar* a importância da *tradição indireta* em detrimento daquela direta,

---

10. Aristóteles, *Física* I-9, 192a 6 ss.
11. *Timeu*, 27d-29d.

nem defender o fim da leitura dos diálogos como fonte valorosa e essencial do pensamento de Platão (uma hipótese que me parece realmente absurda). Neste livro, ao contrário, procuro estabelecer criteriosamente a coordenação complementar entre aquelas tradições, visando uma clarificação de trechos polêmicos e de difícil leitura de um dos seus diálogos mais importantes e influentes[12].

Escrever sobre as doutrinas não-escritas

A adoção de algumas das premissas metodológicas desenvolvidas pela *escola de Tübingen-Milão* desemboca imediatamente no que vários críticos consideram um paradoxo inescapável: como e por que escrever sobre as Doutrinas não-escritas de Platão se o próprio filósofo preferiu deixá-las exatamente "não-escritas"? Não seria contraditório consignar por escrito uma parte da filosofia platônica construída para não ser fixada em palavras grafadas?

A respeito disso, vários são os argumentos evocados pelos tubingueses e seus seguidores. Entre os mais interessantes, elenco os seguintes[13]:

a) por estarem situados há mais de dois mil anos do Platão histórico, os modernos estudiosos da sua filosofia não devem considerar suas críticas à escrita como uma *norma vinculante* a ser obedecida cegamente, isto é, o pesquisador do presente não deve se sentir constrangido pela censura bimilenar de Platão, entre outros bons motivos, porque não deve (e/ou não pode) prescindir daquela parte do pensamento que o filósofo optou por manter exatamente não-escrita e que agora é tão-somente objeto de pesquisa histórica;

---

12. GADAMER, Hans-Georg. *Dialogue and Dialetic: Eight hermeneutical studies on Plato.* Translated and with an introduction by P. Christopher Smith. Yale University Press, 1980, p. 129.
13. KRÄMER, H. *Op. Cit.* pp. 130-131.

b) aceitar modernamente a crítica platônica em toda sua extensão — e com todos os seus efeitos — seria cair numa forma de sentimentalismo humanístico e numa ingenuidade hermenêutica verdadeiramente espantosa, dado que a experiência que adquirimos com mais de vinte séculos convivendo com a cultura do escrito nos afasta daquela norma platônica da limitação do registro grafado e nos confere um tipo de autonomia da escrita muito mais significativa e ampla do que aquela experimentada por Platão e seus discípulos.

Ora, é preciso ter em conta a mais vasta diferença entre isso que é doutrinariamente comunicável e o âmbito disso que é absolutamente indizível em si mesmo: pelos motivos que apresentarei aqui, faz completo sentido histórico recuperar aquilo que Platão preferiu não escrever exatamente a partir de indivíduos que, para a nossa sorte, anotaram aquelas coisas que, do contrário, estariam para sempre perdidas.

CAPÍTULO I

O CRITÉRIO TRADICIONAL DE INTERPRETAÇÃO DAS OBRAS DE PLATÃO E OS PROBLEMAS QUE O TORNAM INSUSTENTÁVEL

Sobre Schleiermacher e a inadequação histórico-filosófica dos pressupostos hermenêuticos por ele elaborados

Friedrich Daniel Ernst Schleiermacher (1768-1834) foi sem sombra de dúvida um dos maiores platonizantes do século XIX. Especialista em hermenêutica, aplicou todo o seu vasto instrumental exegético à interpretação dos diálogos platônicos, o que acabou por resultar na famosa tradução de 1804 do *Corpus platonicum* com *Introdução geral* e comentários[14]. No entanto, o aparato metodológico aplicado por Schleiermacher na leitura e interpretação dos diálogos platônicos parece estar amplamente determinado pela *situação espiritual* do final do século XVIII e início do XIX na Alemanha, bem como pelo programa geral do

---

14. SCHLEIRMACHER, F. D. E. *Platons Werke*, Berlim 1804-1828. (*Introdução aos diálogos de Platão*. Belo Horizonte, Editora UFMG, 2002). Chamo a atenção do leitor para a diferença entre a *Introdução geral* e as demais introduções particulares que Schleiermacher escreveu para cada diálogo traduzido (ele só não traduziu o *Timeu* e as *Leis*).

primeiro romantismo germânico da mesma época[15]. Consciente ou inconscientemente, Schleiermacher parece ter assumido as premissas teoréticas vigentes à sua época, formalizando assim uma imagem do filósofo que, sozinha, praticamente dominou as interpretações referentes a ele nos séculos seguintes. Entre as premissas propugnadas pelo *proto-romantismo* germânico[16] – aparentemente centrais para o Platão pensado por Schleiermacher – figura aquela que considerava a palavra grafada como o único *medium* realmente capaz de exprimir a totalidade do pensamento de quem a utiliza. O princípio da autarquia do escrito (*sola scriptura*) – sobremaneira aplicado aos escritos bíblicos após a reforma do protestantismo – postulava que todo texto deveria ser reduzido ao seu significado literal e compreendido por si mesmo (*sui ipsius interpres*), princípio que, por extensão funcional, passou a ser utilizado para a interpretação dos escritos platônicos contra o viés *neoplatônico* que então prevalecia entre os estudiosos. Uma outra premissa teorética característica da concepção romântica na época de Schleiermacher concebia arte e filosofia sob um aspecto unitário e unívoco, de modo que todo escrito seria uma *forma d'arte* que deveria conter em si uma capacidade ideal de comunicação na qual conteúdo e método se ajustariam por

---

15. Estão entre alguns dos trabalhos filosóficos de Schleiermacher: uma *Ética*, uma *Dialética*, uma *Estética*, uma *Hermenêutica*, *Discursos sobre a religião*, *Doutrina da fé*, algumas *Cartas* e os *Diários*. Krämer os tomou como objeto de estudos, a fim de melhor compreender as variantes históricas que parecem ter determinado a leitura schleiermacheriana de Platão. KRÄMER, H. *Op. Cit.* pp. 51-53.

16. Não concordo com o juízo de Krämer, segundo o qual a hermenêutica de Schleiermacher estava também condicionada pelo Idealismo alemão do século XVIII, pois nada há numa leitura atenta da *Introdução geral* dos diálogos que possa sugerir esta possibilidade. Talvez isso seja verdade para Schlegel que, originariamente, concebeu a ideia de verter os diálogos platônicos para o alemão (mas que abandonou o projeto, que seria compartilhado com Schleiermacher, deixando para este último todo o trabalho). KRÄMER, H. *Op. Cit.* pp. 57-72 e, do mesmo autor, *Il paradigma romantico nell'interpretazione di Platone*. Napoli: Istituto Suor Orsola Benincasa, 1991.

CAPÍTULO I

identidade (em especial no Platão literário, dado o caráter artístico exemplar de sua obra escrita). Tanto a primeira quanto a segunda premissas parecem ter sido utilizadas por Schleiermacher na sua tentativa de projetar uma versão *atualizada* de Platão, em pleno acordo com a expectativa das inteligências da época e com as concepções hermenêuticas contemporâneas a ele. Ao que tudo indica, tais concepções fizeram com que Schleiermacher – e vários outros depois dele – investigasse Platão a partir de um instrumental exegético anacrônico e estranho ao ateniense, como se o monopólio da obra escrita fosse, para o ateniense, um ponto de partida seguro e legítimo, em consonância com o seu ideal de prática pedagógica – o que, como veremos, não é fácil de se comprovar. Em linhas gerais, então, pode-se expor assim as categorias fundadoras daquele paradigma (*critério tradicional de interpretação das obras platônicas*), tal como concebido por Schleiermacher:

a) o método pelo qual Platão expõe sua filosofia é inseparável do seu conteúdo e, por essa razão, *comunicação filosófica* e *conteúdo filosófico* – em especial no caso de Platão – coincidem totalmente[17];

b) o diálogo literário de Platão é forma de comunicação filosófica por excelência, por isso, uma adequada compreensão do texto deve resultar também numa adequada compreensão de *tudo* o que o ateniense pensou[18];

---

17. Em sua *Introdução* geral aos diálogos, Schleiermacher reclama do tratamento que alguns intérpretes deram a alguns textos do filósofo e do "quão levianamente eles tratam a relação do conteúdo com a forma, tanto no detalhe quanto no todo". SCHLEIERMACHER, F.D.E. *Op. Cit.* p. 31.
18. Nas palavras de Schleiermacher: "Estabelecer a união natural dessas obras [os diálogos] visa mostrar que elas se desenvolveram como exposições cada vez ais completas das ideias de Platão, a fim de que – na medida em que cada diálogo não deve ser compreendido apenas como um todo para si, mas também em contexto com os outros – o próprio Platão seja compreendido como filósofo e artista". SCHLEIERMACHER, F.D.E. *Op. Cit.* p. 41.

c) a escrita de Platão é uma *forma d'arte* na qual método e conteúdo, forma e matéria estão completamente fundidos;

d) de acordo com o schleiermacherismo, a filosofia platônica se resolve totalmente no âmbito da palavra escrita e, por essa razão, qualquer tipo de tradição doxográfica referente aos textos de Platão ou são conteúdos negligenciáveis ou são cronologicamente limitados e, por via de consequência, de pouca importância filosófica[19].

Um tal esquema deixa entrever que Schleiermacher pretendeu reduzir todos os aspectos componentes do texto − alegorias, analogias, anagogias e aforismos, por exemplo − a uma unidade semântico-estrutural derivada da compreensão literal do registro grafado e nunca para além dele (por essa razão, de acordo com o paradigma hermenêutico tradicional, a compreensão de toda a filosofia platônica passa pela compreensão da forma na qual vem acondicionada). Seja isso correto, a crença numa filosofia platônica totalmente resolvida dentro da obra literária do filósofo deveria mesmo afastar para bem longe qualquer tipo de complemento não proveniente dos seus textos, devendo ser ou assimilado pelos operadores do critério hermenêutico em questão ou, em última instância, rechaçado por eles. Naturalmente, a convicção moderna que atribui ao diálogo de Platão uma eficácia comunicativa *por excelência* acabou por eclipsar o que alguns consideram ser a porção mais fundamental da filosofia de Platão; aquela parte que, graças a um instrumental metodológico, em grande medida comprometido com o espírito do seu tempo, permaneceu por séculos à margem dos estudos especializados no platonismo: suas lições reservadas à oralidade. Assim, a opinião

---

19. Para Schleiermacher, não deve ter havido nenhuma diferença significativa entre o conteúdo dos diálogos e o que se encontra em "outros ensinamentos perdidos ou talvez orais" de Platão. SCHLEIERMACHER, F. D. E. *Op. Cit.* p. 39.

de que um eventual conteúdo esotérico na filosofia de Platão deve ser visto como coisa de menor importância – porque se julga que forma e conteúdo, filosofia e forma artística se ajustam *por identidade* em Platão[20] – dá ares de um erro histórico que deve ser reparado, na medida em que isso for cientificamente viável.

A pretexto de acomodar seu instrumental exegético com os escritos platônicos, com efeito, Schleiermacher chegou a esboçar uma teoria positiva do diálogo literário, a partir de uma interpretação muito própria – e ao que tudo indica meramente intuitiva – do termo *sungramma* em algumas passagens do diálogo *Fedro* de Platão[21]. Para Szlezák, por exemplo, tal como quer Schleiermacher, aquele termo pode sim significar "tratado" ou ainda "discurso escrito" e "doutrinário", pois os mais conceituados léxicos do grego clássico e as acepções evocadas pelo seu uso na história do mundo helênico asseveram isso; no entanto, são fortes os indícios de que *sungramma* não significasse apenas o que pretendia Schleiermacher, dado que o termo parece ter sido utilizado por Platão de forma bastante genérica e, por isso mesmo, aplicável a todo tipo de escrito (inclusive à forma dialógica dos textos platônicos)[22]. Não por outra razão, o diálogo literário não deve usufruir um *status* diferente dos outros estilos de escrita – como se ele fosse capaz de comunicar, com a mesma exatidão e rigor filosófico, o conteúdo próprio das lições orais – e, consequentemente, parece ser tão condenável

---

20. Não se pode ignorar, todavia, o impacto de tal convicção e, por via de consequênciaoa força doutrinária que o método interpretativo de Schleiermacher desencadeou. Sua tradução dos diálogos alavancou os estudos sobre Platão – como o comprova a qualidade dos estudiosos que o sucederam – e deu novos rumos para a análise filológica daqueles textos.
21. *Fedro*, 341c-344c.
22. SZLEZÁK, Thomas A. *Platone e la scrittura della filosofia*. Milano: Vita e Pensiero, 1992, pp. 463-471.

por Platão quanto todos os outros. De resto, como será visto, não há motivos suficientes para se acreditar que haja, em Platão, perspectiva que habilite alguma forma de comunicação escrita como equiparável àquela reservada à oralidade.

Outro recurso utilizado por Schleiermacher para que houvesse um ajuste entre as suas premissas metodológicas e os textos de Platão foi o de estabelecer uma livre associação – a título de *arranjo metodológico* – da passagem do *Fedro*[23] referente ao binômio *modelo-imagem* (correlato, respectivamente, ao discurso oral e à forma de comunicação escrita). Para ele, dado que Platão escreveu tanto desde a juventude até a idade mais avançada, "fica evidente que procurou tornar também o ensinamento escrito o mais semelhante possível àquele ensinamento melhor [oral], e foi bem sucedido nessa tentativa"[24]. Fosse aceita tal opinião, não haveria necessidade de se tratar de uma eventual doutrina esotérica de Platão, uma vez que ela já estaria consignada, de uma maneira ou de outra, numa forma supostamente *superior* de escrita: a forma dialógica[25]. Além disso, continua Schleiermacher, se Platão pretendeu algum dia afastar as almas ineptas do conteúdo mais importante da sua filosofia, ele o fez pelo modo em que conduziu cada obra desde o início, fazendo com que o leitor "fosse obrigado à geração interior própria do pensamento intencionado, ou então, a entregar-se, de modo bem claro, à sensação de não ter encontrado nada e de não ter compreendido nada"[26]. De acordo com tal juízo, virtuais doutrinas não-escritas de Platão não teriam nada de substancialmente diferente daquilo que encontramos na letra dos diálogos e, por isso mesmo, seriam

---

23. *Fedro*, 276 a.
24. SCHLEIERMACHER, F.D.E. *Op. Cit.* pp. 42-44.
25. Na realidade, Platão censura até mesmo *os melhores escritos* (*Fedro*, 278 a).
26. SCHLEIERMACHER, F.D.E. *Op. Cit.* p. 44.

completamente dispensáveis. Assim, conclui Schleiermacher, "esse é o único sentido no qual se poderia falar aqui [em Platão] do esotérico e do exotérico, isto é, no sentido de que apenas apontam para uma qualidade do leitor, dependendo do fato de ele elevar-se ou não à condição de um verdadeiro ouvinte interior (...)"[27]. Em meu juízo, todavia, nenhuma dessas conclusões pode ser aduzida de um enfrentamento direto do excerto final do *Fedro* ou de qualquer outro texto atribuído a Platão. Parece tratar-se mesmo de uma oportuna extrapolação das palavras escritas pelo filósofo as quais, não sem efeito, Schleiermacher pretende honrar mais que tudo. Tanto no *Fedro* quanto na *Carta VII* – essa última considerada espúria por Schleiermacher e seus discípulos – encontramos notícias muito verossímeis de uma censura platônica à escrita e alusões bastante significativas a um saber oral enunciado pelo ateniense, supostamente não disponível *em sua totalidade* ao leitor dos diálogos.

É óbvio que a adoção do novo critério hermenêutico não deve substituir, sob nenhuma hipótese, a frequentação direta e diligente dos diálogos escritos que, em termos *materiais* – quantidade e variação de temas –, são muito mais ricos do que parecem ser os conteúdos das doutrinas orais (ainda que, ao que tudo indica, elas figurem na *tradição indireta* como o vértice do sistema filosófico de Platão – em termos qualitativos e não quantitativos, portanto)[28]. Ademais, segundo os autores do paradigma alternativo, com os testemunhos *exteriores* do platonismo, os diálogos ressurgem com uma duplicidade funcional que remonta aos seus desígnios mais primordiais: têm, em função da sua forma literária, um estatuto *protréptico* na relação com a Academia (preparar o leitor para as lições que se desenvolvem apenas no

---

27. SCHLEIERMACHER, F.D.E. *Op. Cit.* p. 45.
28. REALE, G. *Il "Platone Italiano" di Hans Krämer*. In. KRÄMER, H. *Op. Cit.* p. 21.

plano da oralidade) e um outro *rememorativo*, de imitação das lições dialéticas orais estabelecidas na comunhão entre mestre e discípulo, para aqueles que já intuíram a verdade (ou que se encontram próximos disso) para além dos escritos, mas que os utilizam também como recurso *mnemotécnico*[29].

Diante dessas informações, alguém poderia objetar: se o paradigma hermenêutico de Schleiermacher desconsidera parcial e, por vezes, completamente, os *autotestemunhos* contidos no *Fedro* e na *Carta VII* – nos quais, como será visto, Platão parece ir justamente contra o sustentáculo daquele critério hermenêutico – como explicar o monopólio exercido por tanto tempo pelo paradigma tradicional?

A resposta de Giovanni Reale parece calibrada:

> A idade moderna é a expressão mais típica de uma cultura globalmente fundada sobre a escrita, considerada como *medium* por excelência de toda forma de saber.[30]

É crível conjecturar que tenha sido neste clima de preeminência da escrita que o critério hermenêutico tradicional foi concebido e divulgado; assim, não seria propriamente anômalo o fato de que tantos estudiosos tenham descurado os *autotestemunhos* de Platão, ignorando-os – ou limitando-os fortemente – a partir de uma expectativa de interpretação alicerçada apenas nos escritos. Um arcabouço metodológico concebido de acordo com premissas metafísicas tão determinadas e historicamente condicionado não poderia fazer outra coisa senão tentar afastar em bloco toda notícia anômala ao sistema, sem que o seu valor

---

29. GAISER, K. *Op. Cit.* pp. 11-12. Não é objetivo dessa obra demonstrar o modo pelo qual os diálogos literários – e quais diálogos – exercem a tarefa de recurso mnemônico aparentemente atribuída a eles. Sobre esse ponto, ver SZLEZÁK, Th.A. *Op. Cit. passim.*
30. REALE, G. *Para uma nova interpretação de Platão.* São Paulo: Ed. Loyola, 1997, p. 41.

CAPÍTULO I

epistemológico para um melhor entendimento do filósofo fosse apropriadamente levado em consideração. É preciso ressaltar, no entanto, que, em alguns momentos, Schleiermacher parecia ficar confuso com aquele modo de ler Platão que ele mesmo havia criado, sem saber, por exemplo, se aceitava parcialmente ou negava totalmente a *tradição indireta* e a crítica ao escrito contida no *autotestemunho* do *Fedro*[31]. Ao final, não obstante isso, parece mesmo ter prevalecido a supervalorização do seu critério hermenêutico e a negação de qualquer conteúdo esotérico na filosofia platônica.

Como dito acima, a metodologia criada por Schleiermacher foi amplamente adotada nos séculos subsequentes e, com isso, ganhou novos contornos, argumentos de defesa e se difundiu maciçamente no meio acadêmico especializado em Platão[32]. De forma emblemática, E. Zeller, discípulo de segunda geração de Schleiermacher e responsável por uma espécie de "aperfeiçoamento" das teses do mestre, afirma no seu *Filosofia dos Gregos* de 1839 serem as Doutrinas não-escritas de Platão adaptações tardias ou resultado de compreensão inadequada de Aristóteles na leitura dos diálogos[33]. A posição de E. Zeller, assumida por grande número de estudiosos, acabou por colocar

---

31. KRÄMER, H. *Op. Cit.* p. 47.
32. Várias foram as vozes que se levantaram contra Schleiermacher já na primeira metade do século XIX, entre elas, a de A. Boeckh (1808), discípulo de Schleiermacher, mas que levantou objeções quanto ao tratamento dado pelo mestre à *tradição indireta*; a de Ch. A. Brandis (1823) primeiro a recolher e comentar os testemunhos da *tradição indireta*; a de F.A. Trendelenburg: para ele, Schleiermacher teve como mérito o estabelecimento da conexão intrínseca dos escritos, mas que não deveria ter absolutizado a importância dos textos platônicos e desconsiderado a tradição indireta como se fosse "uma invenção dos antigos". KRÄMER, H. *Op. Cit.* pp. 76-78.
33. ZELLER, E. *Platonische Studien*. Tübingen, 1839, p. 300 *apud* KRÄMER, H. *Op. Cit.* p. 82.

em segundo plano a *teoria dos princípios* de Platão e, por décadas, não encontrou resistência significativa. Assim Krämer elenca os pontos assumidos por Zeller diretamente de Schleiermacher[34]:

a) Zeller reconhece a *forma d'arte* do diálogo literário de Platão e sua ação psicagógica (a alma é conduzida pelo texto escrito);

b) ele refuta qualquer conteúdo "esotérico" no platonismo e, por via de consequência, não admite a autenticidade da *Carta VII* (exatamente porque a Carta é um golpe mortal em quem pretende negar doutrinas não-escritas em Platão);

c) para ele, as supostas doutrinas não-escritas de Platão são anomalias se comparadas com a totalidade do *Corpus platonicum* e, por isso, não devem ser consideradas seriamente.

Também Harold Cherniss, o crítico mais ferrenho da exegese tubinguese, oferece seu quinhão de críticas à "hipotética" legitimidade filosófica de uma *tradição indireta* em Platão. Ele afirma serem os testemunhos aristotélicos, fruto dos anos de senectude do Estagirita e que, por isso, não deveriam ser tomados em consideração, sob pena de se aniquilar o *pano de fundo* estrutural que confere unidade aos textos[35]. Para Cherniss, os diálogos são autossuficientes e os jogos, imagens e mitos encontrados neles são meramente estímulos de Platão para que o leitor, por si só, seja capaz de produzir uma reflexão própria[36]. Ainda no que parece

---

34. KRÄMER, H. *Op. Cit.* p. 84.
35. CHERNISS, Harold. *The Riddle of the Early Academy*. Berkeley-Los Angeles, 1945, pp. 53 ss; tradução italiana, *L'enigma della Academia antica*. Florença: La Nuova Italia, 1974. Obviamente, nem Cherniss, nem a maior parte dos seguidores da teoria do diálogo artístico autônomo contam com a justificativa do condicionamento histórico que determinou a leitura de Schleiermacher.
36. Na sua *Introdução* geral aos diálogos, Schleiermacher asseverava: "o principal para ele [Platão] deve ter sido conduzir cada estudo desde o início e calculá-lo de maneira que o leitor fosse obrigado à geração interior própria do pensamento intencionado (...)". SCHLEIERMACHER, F.D.E. *Op. Cit.* p. 44.

ser o rastro de Schleiermacher, Cherniss afirma ser cada escrito platônico um complexo dramático no qual cada passagem está, por sua vez, em íntima relação com o todo e que só conhecendo essa íntima relação estrutural entre as partes e o todo, o verdadeiro sentido da filosofia platônica poderia vir à luz (convicção que, vale reforçar, afasta qualquer conteúdo não-escrito da filosofia de Platão como coisa indesejada e/ou anômala).

Creio, a bem da verdade, que não seria de fato prudente negar uma certa autonomia "literária" a cada um dos diálogos platônicos. Tomados em si mesmos, como peças literárias autárquicas, os textos são, ao que tudo indica, compostos segundo um mínimo de arranjo metódico – muitas vezes de difícil compreensão – com partes mais ou menos articuladas em um conjunto permeado por certa ordem. Isso, que talvez não seja totalmente verificável, entretanto, não está em contradição com a tese dos tubingueses. É que a crítica que eles dirigem a Schleiermacher e a seus epígonos recai sobre a hipótese, ventilada por estes últimos, de que o conteúdo filosófico de todos os diálogos platônicos se esgota *por completo* nos próprios textos – e, por via de consequência, não remetem a nada "exterior" a eles, e a nada "para além deles" – o que, como será visto, não parece ser correto ou fácil de demonstrar[37].

---

37. Juízo que, segundo Krämer, confere aos diálogos muita intencionalidade e muito pouca casualidade, ou seja, faz dos diálogos peças literárias compostas com um grau de objetividade intencional difícil de ser imaginada num *Corpus* tão volumoso e complexo. KRÄMER, H. *Op. Cit.* p. 36. A tese schleiermacheriana de que cada palavra contida nos diálogos só pode ser entendida com relação ao todo do diálogo na qual se insere (que por sua vez só pode ser entendido na relação com o todo formado pelos outros diálogos) aparece com frequênciafra *Introdução* geral aos diálogos. SCHLEIERMACHER, F.D.E. *Op. Cit. passim.* Sobre esse ponto, ver também GADAMER, Hans-Georg. *Op. Cit.* pp. 124-129.

A descrença com o novo paradigma foi compartilhada ainda por uma série de outros platonizantes, entre eles, P. Shorey[38] – mestre, em segundo grau, de Cherniss – e W. K. C. Guthrie para o qual uma *re-leitura* do platonismo, à luz das doutrinas inscritas, seria, entre outras coisas, "menosprezar seriamente" a contribuição dos diálogos ao *Corpus platonicum* e considerar a maior parte dos estudos especializados sobre Platão nos últimos dois séculos, "descartáveis e fundados sobre falsas premissas"[39]. Mesmo alguns dos primeiros defensores da *tradição indireta* de Platão – como W. D. Ross[40] ou L. Robin[41], por exemplo – remetiam-na apenas aos *diálogos da velhice* e, por via de consequência, não postulavam sua autoridade para os diálogos intermediários (menos ainda aos chamados *socráticos* ou *aporéticos*). Entretanto, trabalhos de J.N. Findlay[42] e da *escola de Tübingen* – desenvolvidos separadamente – sugeriram, a nosso ver de forma convincente, que a tese genética da tardia datação das *ágrapha dógmata*, se não é totalmente falsa, não parece se aplicar aos diálogos intermediários pelo menos (e talvez não se aplique aos diálogos imediatamente anteriores à *República*). É preciso registrar, além disso, a ousadia da hipótese defendida por Szlezák, que analisa a estrutura de quase todos os diálogos atribuídos a Platão – inclusive os socráticos – tentando explicar os *passos de omissão* encontrados neles pressupondo o socorro

---

38. SHOREY, P. *What Plato Said*. Chicago, 1933.
39. GUTHRIE, W. K. C. *Historia de la filosofia griega*. Vol. IV. Madrid: Ed. Gredos, 1988, p. 440.
40. ROSS, W. D. *Plato's Theory of Ideas*. Oxford University Press, 1952; (em especial pp. 142-143).
41. ROBIN, Léon. *La theorie platonicienne des idées et des nombres d'après Aristote*. Paris, Alcan, 1908.
42. FINDLAY, John. *Platone: Le dottrine scritte e non scritte*. Traduzione di Richard Davies. Milano: Vita e Pensiero, 1994.

CAPÍTULO I

esotérico oral dado pelo verdadeiro filósofo (tal como sugere o *Fedro* em 278c-e). Não pretendo entrar nessa espinhosa discussão, pois adoto aqui como hipótese de trabalho a correspondência entre as *ágrapha dógmata* e o platônico *Timeu* que, como é sabido, é posto pelos especialistas entre os diálogos tardios de Platão – *Sofista, Político, Timeu, Crítias, Filebo* e *Leis* – e, por isso mesmo, o problema da datação das doutrinas não-escritas não é essencial para a investigação que ora se apresenta[43].

Ao que parece, diferentemente do que pensam os estudiosos instruídos pelo critério schleiermacheriano, à sua época, Platão tentava mediar o combate agônico de duas potências que, *a priori*, pareciam antepor-se: a da oralidade – há muito impregnada na estrutura social e cultural dos Helenos – e a da escrita, incipiente nas relações humanas, mas que já ocupava espaço considerável na *Paidéia* do Homem grego[44]. Discípulo imediato de Sócrates, Platão deve ter intuído a necessidade de registrar por escrito suas conclusões, mas, por outro lado, de respeitar o influxo da oralidade dialética do mestre. Independentemente disso, todavia, aqueles que negam ainda hoje a validade científica da *tradição indireta* – sem atentar para as consequências que as informações contidas ali pudessem ter para uma compreensão mais correta (ou menos problemática) do pensamento de Platão – erram por ignorar o clássico preceito filológico segundo o qual é preciso

---

[43]. Para investigações ulteriores sobre o problema da datação das doutrinas não-escritas, em especial sobre o *Timeu*, remeto o leitor às seguintes obras: CORNFORD, Francis M. *Plato's Cosmology: The* Timaeus *of Plato*.Indianapolis/Cambridge: Hackett Publishing Company, 1997, pp. V-X (*Preface*). FINDLAY, J.N. *Plato:The Written and Unwritten doctrines*. New York, 1974; KRAMER, H. *Platone e i fondamenti della metafisica*. Milano: Vita e Pensiero, 2001, pp. 179-213; SZLEZÁK, Th.A. *Platone e la scrittura della filosofia*. Introduzione e traduzione di Giovanni Reale. Milano: Vita e Pensiero, 1992.
[44]. HAVELOCK, E. *Preface to Plato*. Cambridge Mass. 1963.

integrar a totalidade do material disponível referente ao objeto que se investiga, a fim de formar uma imagem complexiva dele (preceito que, aliás, foi e continua sendo amplamente utilizado em trabalhos especializados sobre outros autores da Antiguidade clássica). Não por outra razão, causa estranheza o fato de que alguns dos maiores defensores da absoluta autonomia da escrita em Platão se valham muitas vezes dos próprios diálogos do filósofo para diminuir a importância das *ágrapha dógmata*, numa espécie de heterogênese das finalidades. Se os indícios de um conteúdo esotérico na filosofia platônica decorrem de uma confusão do texto escrito, suponho, *a fortiori*, que os textos não podem ser totalmente "autônomos" para um estudo sério e completo sobre Platão. Então, num quadro transmitido pelo professor Giovanni Reale, temos:

Os fundamentos do paradigma tradicional	Os fundamentos do novo paradigma alternativo
– os escritos platônicos são autárquicos na sua totalidade ou em grande parte.	– os escritos platônicos não são autárquicos nem na sua totalidade nem em parte.
– dos escritos platônicos se extrai uma unidade de sistema filosófico.	– dos escritos não se depreende uma unidade, porque esta se encontra subjacente a eles, porque dependentes ainda de lições orais, cujo conteúdo não está escrito (ou está apenas escrito de forma incompleta ou por "acenos").
– a tradição indireta não tem valor determinante, ou tem pouco valor.	– a tradição indireta, que nos transmite as doutrinas não-escritas, oferece a chave para uma releitura unitária e bem calibrada dos escritos de Platão em seu conjunto.

CAPÍTULO I

Tal como interpretada por *Tübingen-Milão*, por fim, a dimensão oral na filosofia platônica parece ter recebido um papel – do ponto de vista estrutural e gnosiológico – ainda mais importante que o da escrita. Para entender melhor este ponto, faço uma análise dos *autotestemunhos* de Platão contra a autonomia da palavra escrita.

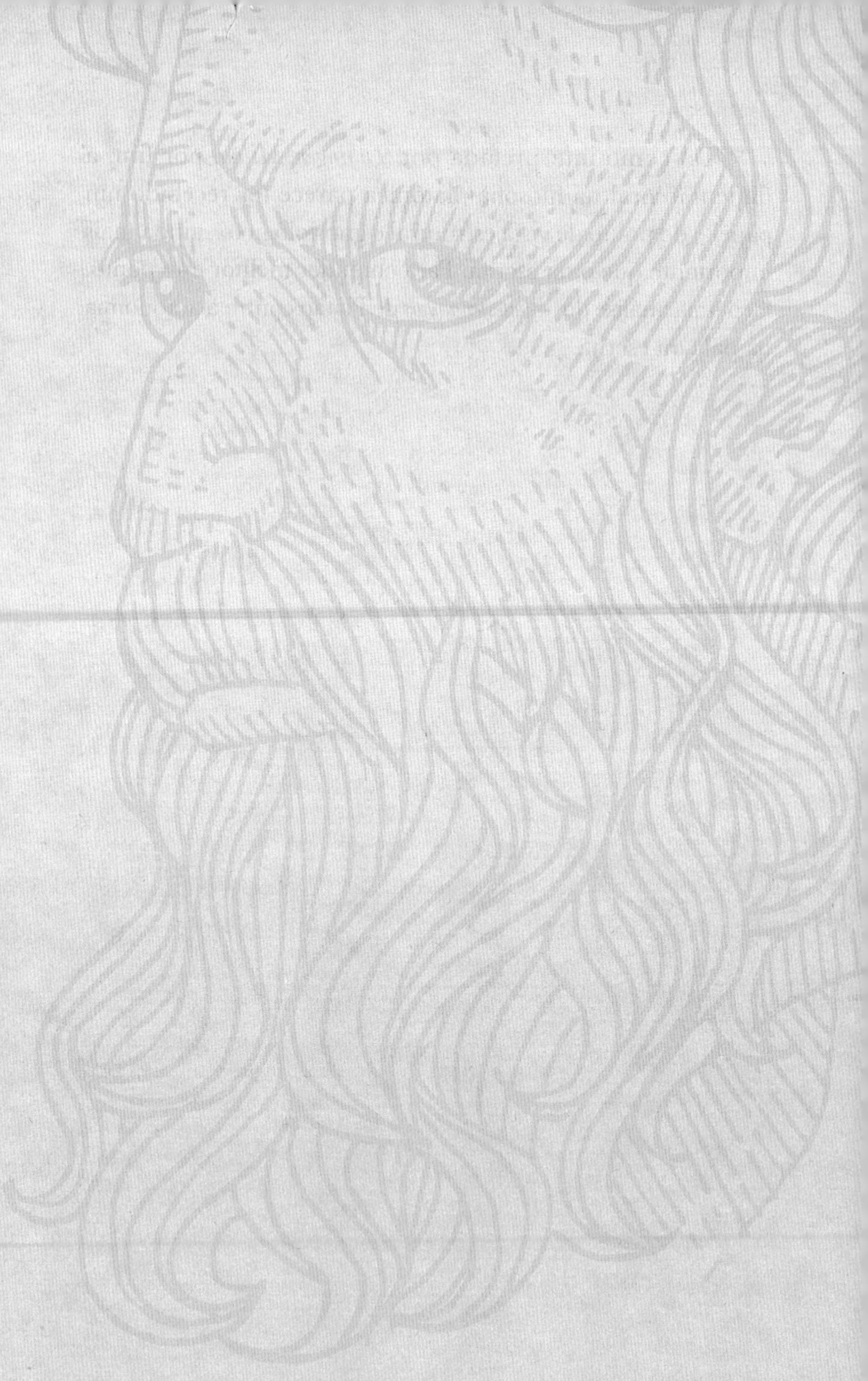

CAPÍTULO II

OS AUTOTESTEMUNHOS DO FEDRO E DA CARTA VII

A inteira hipótese [de Schleiermacher] está em contradição com a explicação que se encontra no *Fedro*, e é sustentada mediante uma falsa interpretação (...). Segundo Platão, o escrito em geral não tem uma finalidade de ensino e de educação, mas sim, apenas a finalidade de chamar à memória para aquele que é já educado e possui o conhecimento. A explicação do passo do *Fedro* pressupõe a existência da *Academia*, e os escritos são meios para chamar à memória para aqueles que são membros da *Academia*.

F. NIETZSCHE, GESAMMELTE WERKE,
Musarion Ausgabe, IV, p. 370

> Sobre os autotestemunhos do Fedro contra a autonomia da palavra escrita (considerações preliminares)

Admitidos os seus efeitos, a parte conclusiva do *Fedro* (274b – 278e) parece tornar inviável qualquer esforço para se atribuir a Platão um parecer plenamente favorável à palavra escrita enquanto forma de comunicação filosófica autônoma. Nela, o filósofo revela, por escrito, juízo acerca dos problemas evocados pela comunicação grafada e, diversamente disso, destaca os benefícios do ensino ministrado em forma dialógica mantido no âmbito da oralidade. Antes de passarmos aos fundamentos textuais daquele juízo, entretanto, vejamos os mais importantes argumentos apresentados por Schleiermacher e por alguns dos seus epígonos na tentativa de conciliar a crítica do *Fedro* com o arcabouço teorético do critério tradicional defendido por eles. Para os schleiermacherianos[45]:

a) a crítica do *Fedro* não deve recair sobre os textos de Platão porque o termo *súngramma* utilizado pelo filósofo refere-se, especificamente, a um tipo de escrito "tratadístico", ou ainda, a um tipo de texto que se apresenta na forma de "compêndio doutrinário"; assim, na medida em que a crítica à escrita não recai sobre os textos concebidos na forma dialógica, Platão deve ter reproduzido da maneira mais fidedigna possível os colóquios orais nos diálogos literários e, portanto, não há nenhum conteúdo das *lições intra-acadêmicas* que não seja também contemplado pelos seus próprios escritos[46];

b) parte dos diálogos platônicos é fiel reprodução das *lições doutrinais* porque o filósofo estabeleceu tal correlação no binômio modelo-imagem (*parádeigma/eídolon*) – respectivamente oralidade e escrita – no qual o termo *eídolon* se apresenta com um estatuto diferenciado, significando mesmo uma imagem nítida e de mesma vivacidade quando comparada ao modelo estabelecido no plano da oralidade[47].

Além desses dois argumentos, Derrida recorda que Schleiermacher tentou confirmar a lenda inicialmente difundida por Diógenes Laércio de que o *Fedro* estaria entre os primeiros

---

45. REALE, G. *Para uma nova interpretação de Platão*. São Paulo: Ed. Loyola, 1997, pp. 66-67. KRÄMER, H. *Platone e i fondamenti della metafisica*. Milano: Vita e Pensiero, 2001, pp. 37-38.
46. PERINE, Marcelo. *O significado de "Sungramma" na interpretação da escola platônica de Tübingen*. Síntese Revista de Filosofia. N° 99, (2004), pp. 5-12.
47. SZLEZÁK, Th.A. *Platone e la scrittura della filosofia*. Milano: Vita e Pensiero, 1992, p. 58. Ver também KRÄMER, *Op. Cit.* p. 37 e REALE, G. *Op. Cit.* p. 66.

CAPÍTULO II

escritos de Platão, exatamente por trazer em seu bojo algo de juvenil (*meirakiódes ti*), por ter sido mal composto e por apresentar um pensador que, fecundo escritor que veio a ser, jamais moveria uma tal reprovação contra a escrita[48]. A meu ver, todavia, tanto o mito laerciano – reforçado pela motivação psicológica que Schleiermacher pretende ver em Platão – quanto aqueles dois outros argumentos evocados pelos partidários do critério tradicional de interpretação decorrem, ao que tudo indica, de uma incompreensão da estrutura geral do diálogo e de uma inversão valorativa primária na qual o aparato metodológico acabou por tornar-se mais importante do que o próprio objeto da pesquisa (o *Fedro* neste caso)[49].

Contra os schleiermacherianos, Szlezák demonstra que o termo *súngramma* foi utilizado por Platão – tanto no *Fedro* (274b – 278e) quanto na *Carta VII* (340b – 345c) – de maneira não-específica e sobremaneira ampla e que por isso mesmo ele faz referência ao escrito *em geral*, sem nenhum tipo de remissão a algum modo particular dele. A bem da verdade, diz o tubinguese, se o termo *súngramma* é utilizado por Platão com algum tipo de especificidade semântica, ela estabeleceria, no limite, uma diferença entre os escritos em prosa (com todas as suas variantes) e o escrito composto na forma de poema – e, portanto, a crítica à escrita continuaria recaindo sobre o registro dialógico[50].

---

48. DERRIDA, Jacques. *A farmácia de Platão*. Tradução de Rogério da Costa. São Paulo: Iluminuras, 1991, p. 11. Durante toda a *Introdução* geral, Schleiermacher celebra o que para ele parece ter sido o maior contributo do seu texto: a apresentação da correta sequênciashistórico-filosófica dos textos platônicos. É altamente significativo que sua lista comece exatamente pelo *Fedro*. SCHLEIERMACHER, F.D.E. *Introdução aos diálogos de Platão*. Belo Horizonte: Ed. UFMG, 2002, p. 73.
49. Obviamente, é preciso admitir que o Novo Paradigma – assim como qualquer outro – também está sujeito a essa mesma inversão.
50. SZLEZÁK, Th.A. *Op. Cit.* p. 463.

O fundamento dessa distinção, continua Szlezák, decorre do fato que o "poetar", a "poesia" e o "poeta" nunca venham indicados com os termos *sungráfein, sungrafeús* e *sungrámmata* (*sungrafaí*, em suma), mas sempre com palavras como *aeíden, aoidós, íambos*, bem como, *poietés* e *poíema*. Assim, ao compor seus textos, Platão pôde adotar *súngramma* com um sentido geral, e não como um texto necessariamente "sistemático doutrinário" (ou "tratadístico"), concebido de forma completa e ordenada. O motivo para se atribuir à *súngramma* o estatuto de escrito completo ou tratado, então, deve derivar sempre, segundo Szlezák, de uma interpretação errônea do prefixo *sun-* em *sungrafein*: o "escrever-junto" (*con-scribere, com-pôr* por escrito) como um compor segundo aspectos bastante precisos e segundo um ponto de vista determinado (um escrito de caráter sistemático, portanto)[51]. No grego clássico, todavia, o prefixo *sun-* nas palavras *sungráfo, sungrafé* e *súngramma* parece ilustrar *todo* tipo de composição por escrito, sem nenhum tipo de referência à ordenação intrínseca do texto e, por via de consequência, à estrutura na qual são dispostas as palavras. Nesse mesmo horizonte, para Krämer, Schleiermacher não deve ter percebido o desnível de plano e o hiato metodológico existente entre o discurso escrito e o discurso dialético oral em Platão, que fazem do diálogo literário, em primeiro lugar, um *escrito* e só depois, e em menor grau, um *diálogo* (ademais, há um número considerável de documentos que se dirigem aos textos de Platão como *sungrámmata*, restando aos defensores da tese do escrito platônico autárquico aduzir prova em sentido diverso)[52]. Por

---

51. PERINE, M. *Op. Cit.* pp. 5-12.
52. KRÄMER, H. *Op. Cit.* pp. 36-37. Segundo Szlezák, são fontes que se referem aos escritos de Platão como *sungrámmata*, entre outras: Isócrates, X, 9-11; Platão, *Carta VII*, 314c; Diógenes Laércio, III, 37; Proclo, *In Platonis Alcibiadem*, p. 308, 24 e 33 Cousin; Fílon de Alexandria, *De aeternitate mundi*, 15 apud SZLEZÁK, Th. A. *Op. Cit.* pp. 466-467.

isso, os tubingueses propõem uma correção no juízo segundo o qual haveria um suposto nivelamento estatutário entre o discurso falado e o discurso escrito, evocando o sentido originalmente negativo que o termo *eídolon* adquiriu no pensamento de Platão e, por via de consequência, reforçando nele o sentido fraco de "imagem". Vejamos mais de perto a crítica à escrita contida no *Fedro*.

Para uma análise da parte final do Fedro

O mito narrado pelo personagem Sócrates a partir de 274b – que aspira a conclusões sobre a conveniência ou inconveniência da escrita – inicia com o deus *Thoth* apresentando ao rei egípcio *Thamus* as suas invenções: os números, o cálculo, a geometria, a astronomia, o jogo de tabuleiro, o jogo de dados e, por fim, a escrita. Receoso quanto aos reais benefícios daquelas invenções, *Thamus* solicita ao deus que as utilidades de cada uma daquelas artes lhe sejam descritas a fim de que ele possa submetê-las a apreciação e para que possa ressaltar-lhes, uma a uma, os méritos e os deméritos – dado que *Thoth* tinha a intenção de homenagear os egípcios presenteando-os com tais invenções. A partir desse ponto, a trama dos argumentos do mito egípcio consignado na parte final do *Fedro* pode ser decomposta em cinco momentos conceitualmente inter-relacionados[53]. Vejamos cada um deles.

No primeiro momento (274b–275d), Platão sustenta que a escrita (*grámmata*) não pode infundir no homem nenhum tipo de conhecimento e que aqueles que se debruçam sobre esse

---

53. REALE, G. *Op. Cit.* pp. 55-67. Sobre este ponto, também são fundamentais as conclusões de KRÄMER, H. *Op. Cit.* pp. 36-44 e de SZLEZÁK, Th.A. *Op Cit.* pp. 53-72.

tipo de registro acabam por se tornar tão-somente portadores e amantes de opiniões e de falsos conhecimentos. De acordo com o parecer que Platão põe na boca do rei *Thamus*, a escrita não tem a prerrogativa de fazer sábio o indivíduo ignorante, exatamente porque causa nele apenas a dissimulada impressão de saber algo que na realidade ignora e, consequentemente, por fazer dele um *doxósofo* meramente, um simples depositário de sabedoria alheia. Para Platão, dessa forma, a leitura pode adornar o homem com as mais variadas informações e noções, mas, por meio dela, a assimilação do verdadeiro conhecimento não está garantida. Assim, diversamente do que imaginava o generoso deus *Thoth*, a escrita não auxilia a memória dos homens pois, ao contar com esse tipo de registro exterior (de "signos estranhos"), ela não mais é exercitada e acaba por se degenerar. No limite, a escrita deve ser tão-somente um recurso à memória para aqueles que já sabem das coisas sobre as quais ela versa e que, por isso mesmo, a utilizam apenas como "um chamado a um conhecimento já presente"[54]. Não por outra razão, é evidente o tom de censura assumido pelo discurso do rei contra aqueles que pretendem extrair qualquer coisa de claro e seguro de signos escritos, pois caso o fizessem, diz ele, deveriam ser acusados de "grande ingenuidade".

A escrita, conclui Platão, não é um remédio para a memória, mas apenas o do "chamar à memória" (*mnemes hypopnéseos phármakon*) aquilo que vem de dentro (e que, consequentemente, já é conhecido). Eis as palavras de Platão:

---

54. SZLEZÁK, Th.A. *Op. Cit.* p. 56.

CAPÍTULO II

> Deixei no *Fedro* minhas críticas à palavra escrita. Escrever sim, mas não tudo... especialmente o mais importante!

Sócrates: Resta agora falar da conveniência (*euprepeías*) e da inconveniência (*aprepeías*) do escrito, quando ele é bom e quando, ao invés, não conveniente, ou não?

Fedro: Sim.

Sócrates: Agora, no que diz respeito aos discursos (*lógon*), sabes de que modo se pode maximamente agradar ao deus, seja fazendo-os seja falando deles?

Fedro: De modo algum. E tu?

Sócrates: Eu posso narrar-te uma história transmitida pelos antigos, pois eles sabem a verdade. E se nós a encontrássemos sozinhos, nos importaria ainda alguma coisa daquilo que pensam os homens?

Fedro: A sua pergunta faz rir! Mas narra-me a história que tu ouviste.

Sócrates: Ouvi dizer que junto à Naucrates do Egito havia um dos antigos deuses daquele lugar – ao qual era sacro o pássaro que chamam de Íbis – e o nome deste deus era Thoth. Dizem que primeiramente ele descobriu os números, o cálculo, a geometria e a astronomia, e, depois, o jogo de tabuleiro e dos dados; por fim, descobriu também a escrita (*grámmata*). Rei de todo o Egito era, naquele tempo, Thamus e ele habitava a grande cidade do alto Nilo. Os Helenos a chamam Tebas Egípcia e chamam o seu deus de Amon. E Thoth foi a Thamus, mostrou-lhe estas artes (*tàs téchnas*) e disse-lhe que precisava ensiná-las a todos os Egípcios. O rei perguntou qual era a utilidade de cada uma daquelas artes, e, enquanto o deus explicava, na medida em que parecesse dizer bem ou mal, o rei desaprovava ou louvava. Pelo que se diz, muitas foram as coisas que, sobre cada arte, Thamus disse a Thoth, ora criticando, ora louvando, e para expô-las seria necessário um longo discurso. Mas quando se chegou à escrita, Thoth disse: "Este conhecimento (*máthema*), rei, deixará os

Egípcios mais sábios (*sophotérous*) e mais capazes de recordar (*mnemonikotérous*), porque com ela encontrou-se o fármaco da memória e da sabedoria (*mnémes kaì sophías phármakon*)". E o rei respondeu: "Engenhosíssimo Thoth, há quem é capaz de criar as artes e, ao invés, que é capaz de julgar quais danos ou qual vantagem terão aqueles que as operam. Agora, sendo o pai da escrita, tu, por afeto, disseste exatamente o contrário do que ela vale. De fato, a descoberta da escrita terá por efeito produzir o esquecimento (*léthen*) nas almas daqueles que a aprenderem, pois, fiando-se na escrita, se acostumarão a recordar pelo exterior, mediante signos estranhos (*graphês éxothen hup'allotríon týpon*), e não de dentro e por si próprios. Então, tu encontraste não o fármaco da memória, mas o do chamar à memória (*hypomnéseos*). Da sabedoria, pois, tu ofereces aos teus discípulos a aparência, não a verdade: de fato, transformando-se, pela sua mediação, em ouvintes de muitas coisas sem ensinamento (*áneu didakês*), acreditarão ser conhecedores de muitas coisas, enquanto que, como acontece no mais das vezes, na realidade não as saberão; e será bem difícil conversar com eles, já que se tornaram portadores de opiniões (*doxósofoi*), ao invés de sábios".

Fedro: Ó Sócrates, te é fácil narrar histórias egípcias ou de qualquer outro país! (...) Acertaste o alvo, também a mim parece que, no que diz respeito à escrita, as coisas sejam como disse o rei tebano.

Sócrates: Então, quem julgasse ser capaz de transmitir uma arte (*téchne*) com a escrita, e quem a recebesse certo de que daqueles signos escritos poderá extrair daqueles sinais escritos alguma coisa de claro e sólido (*saphès kaì bébaion*), deveria ser muito ingênuo e ignorar, na verdade, o vaticínio de Amon, se considera que os discursos consignados por escrito são alguma coisa mais do que um meio para trazer à memória de quem já sabe (*tòn eidóta*) as coisas das quais trata o escrito.

Fedro: Certamente.⁵⁵

Na segunda parte da trama conclusiva do *Fedro* (275d–276a), Platão estabelece um binômio funcional entre a escrita e a pintura. Segundo ele, ambas sugerem uma certa vivacidade não correspondente à peculiaridade de suas naturezas e, por via de consequência, às suas possibilidades comunicativas. Compreende-se prontamente, por exemplo, que diante de uma pergunta que exija maiores aprofundamentos, o registro escrito – assim como a pintura – ou se cala num silêncio solene ou vive a repetir "uma só e mesma coisa" (uma mesma resposta *sem vida* e de *mesmo conteúdo*). Em alguns aspectos, o escrito pode ser mesmo pior do que a pintura, pois, em posse de indivíduos de almas inaptas ou desinteressadas ele fica impunemente sujeito a toda sorte de objeções e leituras ultrajantes sem que possa se defender. A dissimulada aparência de saber provocada pela inadequada frequentação de um texto cai por terra quando, à revelia do que pretende ensinar, ele não pode responder a nenhuma pergunta que lhe seja feita a fim de prestar maiores esclarecimentos ao seu leitor. Uma vez escrito, o discurso rola – Trabattoni lembra que os escritos eram "rolos"⁵⁶ – de mão em mão e pode acabar parando entre aqueles que não se importam com nada. Sem saber quando falar e quando calar, o

---

55. *Fedro*, 274b – 275d. As versões em português dos trechos do *Fedro* e da *Carta VII* apresentadas neste capítulo resultam da leitura comparativa entre o texto grego – *Platonis Opera*, ed. J. Burnet. Oxford, 1892-1906 (com várias edições) –, a tradução italiana feita por Giovanni Reale para o apêndice do livro de Hans Krämer (*Platone e i fondamenti della metafisica*. Milano: Vita e Pensiero, 2001, pp. 336-357) e a tradução para o inglês editada por John M. Cooper (*Plato: Complete Works*. Edited, with introduction and notes, by John M. Cooper. Indianapolis/Cambridge: Hackett Publishing Company, 1997). Não trataremos aqui das intrincadas polêmicas que envolvem o estabelecimento das edições críticas dos diálogos de Platão e das variantes introduzidas pela descoberta de novos papiros.

56. TRABATTONI, F. *Oralidade e Escrita em Platão*. São Paulo: Discurso Editorial; Ilhéus: Editus, 2003, p. 29.

texto torna-se presa fácil do leitor despreparado. É precisamente nesse sentido que o escrito carece, sempre que as circunstâncias exigem, da intervenção salvadora do seu pai-autor. Na medida em que o que foi escrito diz *sempre as mesmas coisas*, é necessário que o autor da obra esteja apto a socorrer (*boetheîn*) a peça de sua lavra dizendo forçosamente *outras coisas, para além do texto*, defendendo-o de apropriações equivocadas. Por isso, diz Szlezák, "no caso em questão, o ensinamento (*didaké*), que tem como seu contrário a aquisição de noções pela escrita (*graphé*, 275a), só pode significar o discurso oral do discente com um docente (*didáskon*) mais sábio – o qual deve tomar o lugar do livro –, se deve surgir o verdadeiro conhecimento e não a sua aparência"[57].

A convicção de Szlezák parece ser sobremaneira fortalecida pelo binômio "modelo-imagem" (*parádeigma/eídolon*) estabelecido no *Fedro*, ao qual já fizemos referência, análogo, respectivamente, ao discurso oral e ao escrito. É suficientemente claro no contexto do diálogo que a doutrina é gravada na alma do discípulo é, na acepção da palavra, um *protótipo* do qual o discurso escrito é apenas uma imagem, um *eídolon*. Ao contrário do conteúdo *vivo e animado* da palavra mantida no âmbito da oralidade dialética, a escrita é caracterizada por uma ausência de vida e por uma força comunicativa menor e menos eficaz do que a daquele – pois diz sempre uma só e mesma coisa. Trata-se de uma diferença claramente marcada entre o discurso escrito e o discurso mantido na dimensão da oralidade (e não entre dois tipos diferentes de estilos meramente, ou seja, um discurso *tratadístico* e outro em forma dialógica). Como lembra Szlezák, ademais, "que o discurso (*lógos*) que vem 'escrito' na alma do discente não possa ser um 'discurso escrito' (*lógos gegramménos*), resulta já do fato de que ele venha contraposto ao 'discurso' (*lógos*) escrito como um original se contrapõe à cópia – e que é dito 'vivo e animado' – enquanto,

---

57. SZLEZÁK, Th.A. *Op. Cit.* p. 54.

precedentemente, as coisas escritas tinham sido caracterizadas pela ausência de vida, como uma figura pintada"[58].

Outro ponto extraído da análise desse parágrafo a ser destacado é o fato de Platão condicionar o socorro à escrita não só ao discurso oral, mas rigorosamente ao discurso oral *daquele que sabe* (*ho eidós*). O indivíduo que sabe deve estar sempre em condições de defender aquilo que escreveu e de escolher o tipo de discurso a ser utilizado, de acordo com qualidade da alma do seu interlocutor. Exatamente por saber aquilo que pode "socorrer" o texto que escreveu, aquele que sabe tem condições de calar-se ou de produzir discursos que se moldem à maior complexidade ou simplicidade da alma de quem o escuta – coisa que o texto, dadas as suas limitações estruturais, não pode fazer. O verdadeiro ensinamento (*didakê*), portanto, depende da intervenção ativa daquele que sabe, o sábio (*sophós*) que por sua vez se distingue do *doxósofo* que permanece "sem ensinamento" (*áneu didakês*)[59].

As restrições comunicativas da escrita parecem evidenciar o quão distante de uma interpretação adequada estava Schleiermacher, ao pretender que o próprio diálogo platônico levasse o leitor a uma autocrítica que o afastasse do texto ou a uma compreensão adequada dele em decorrência da força de um "pensamento intencionado"[60] já que, como diz um tubinguese, "a capacidade do 'discurso' filosófico vir em seu próprio socorro contra os ataques é introduzida aqui como a capacidade 'daquele que sabe' e que filosofa oralmente"[61]. Assim, no contexto da exegese tubinguese, a comunicação escrita não tem condições de ensinar e de promover conhecimento na alma de quem lê: o verdadeiro ensino filosófico se dá no plano restrito da oralidade

---

58. SZLEZÁK, Th.A. *Op. Cit.* p. 56.
59. *Id.* p. 55.
60. SCHLEIERMACHER, F.D.E. *Op. Cit.* p. 44.
61. SZLEZÁK, Th.A. *Op. Cit.* p. 57.

dialética no qual o conteúdo, que socorre o escrito quando necessário e está para além dele, é gravado na alma do discípulo. Nas palavras de Platão:

> Sócrates: Porque, Fedro, isto a escrita tem de terrível, semelhante, em verdade, à pintura (*zdografía*). De fato, as criaturas da pintura se nos apresentam como se fossem vivas, mas se perguntas a elas alguma coisa, ficam mudas, encerradas num silêncio solene; e assim também fazem os discursos (*lógoi*). Acreditas que eles falam e pensam eles mesmos alguma coisa, mas se, querendo compreender bem, pergunta-os alguma coisa daquilo que disseram, continuam a repetir uma só e mesma coisa. E, uma vez que o discurso esteja escrito, rola por todas as partes, nas mãos daqueles que o compreendem, bem como nas mãos daqueles para os quais nada importa, e não sabe a quem deve falar e a quem não deve. E se o ofendem e, erroneamente, o ultrajam, precisa sempre da ajuda do pai (*patròs boethoû*), porque não é capaz de se defender e de se ajudar sozinho.
>
> Fedro: Também isto que disseste é justíssimo.
>
> Sócrates: E então? Consideremos agora outro discurso, irmão legítimo deste? Vejamos de que modo nasce e, pela sua natureza, quanto seja melhor e mais poderoso do que aquele?
>
> Fedro: Qual é este discurso, e de que maneira tu dizes que nasce?
>
> Sócrates: O discurso escrito, mediante a ciência (*met'epistémes gráphetai*), na alma de quem aprende; que é capaz de se defender por si e sabe com quem deve falar e com quem deve calar.
>
> Fedro: Pretendes dizer o discurso daquele que sabe (*tòn toû eidótos lógon*), o discurso vivo e animado (*zdônta kaì émpsukon*), do qual se pode dizer, com razão, que o discurso escrito é uma imagem (*eídolon*)?
>
> Sócrates: Sim, exatamente.[62]

---

62. *Fedro*, 275d – 276a.

No terceiro momento do trecho analisado (276b-277a), Platão diz que o escrito contém uma grande parte de "jogo" (*paidiás*) enquanto que o discurso oral evoca uma "seriedade" (*spoudé*). Para ilustrar esse ponto, Platão recorre a uma metáfora esclarecedora: a do jardim de Adônis. De acordo com Platão, a fim de homenagear o deus Adônis, as pessoas costumavam plantar sementes de uma certa espécie que, favorecidas pelo clima do verão, cresciam em apenas oito dias. Não obstante a velocidade na qual cresciam, as plantas jamais davam frutos e tinham um tempo médio de vida bastante curto. Não por outra razão, diz Platão, um bom agricultor jamais confia as suas sementes mais importantes a um "jardim de Adônis": ele na verdade busca um terreno adequado e, valendo-se de técnicas apropriadas, respeita o tempo necessário – não oito dias, mas oito meses – para que as plantas deem os melhores frutos. Assim, por analogia, quem planta suas melhores e mais importantes sementes no terreno pouco fértil da escrita, as vê crescer e morrer rapidamente sem dar frutos e, diversamente disso, aquele que guarda suas melhores sementes para plantá-las num terreno adequado (uma alma preparada de um discípulo) e observa o tempo necessário para o seu desenvolvimento, tudo de acordo com as regras e com as técnicas adequadas para um bom plantio, terá, no final, os melhores frutos. Então, diz o filósofo, quem conhece a ciência do *Justo*, do *Belo* e do *Bem* não semeará o que possui de melhor no escrito porque se tentar fazê-lo seriamente – e não como num "jogo", num *jardim de Adônis*[63] – escreverá sobre a movediça

---

63. Note-se a semelhança entre os termos nos quais está assentada a metáfora do *jardim de Adônis* e as palavras de Platão na *República*: "Por conseguinte, essa natureza filosófica que postulamos, se, julgo eu, se lhe deparar o gênero de ensino que convém, é forçoso que, desenvolvendo-se, atinja toda a espécie de virtudes; se, porém, *for semeada e plantada num terreno inconveniente e aí for criada, cairá no extremo oposto, a menos que se dê o caso de um deus qualquer vir em seu socorro*" (grifo nosso). Platão, *República*, VI, 492a-b.

superfície da água e elaborará textos que são incapazes de se defender e incapazes de ensinar a verdade de forma adequada. O homem prudente, portanto, deve guardar o que tem de maior valor para a "seriedade" (*spoudé*) de um terreno adequado e conservará aquilo que plantou por brincadeira no escrito apenas para auxiliar a memória de quem chegou "à velhice que leva ao esquecimento". "Muito belo" é o jogo da escrita, diz Fedro, quando narra sobre a justiça e sobre as outras coisas enunciadas pelo interlocutor (o belo e o bem); o Sócrates de Platão, em todo caso, replica dizendo que muito mais bela é a arte da dialética que, tomando uma alma apta (*labòn psiquén prosékousan*), nela semeia discursos com conhecimento, capazes de vir em socorro de si próprios e de quem as plantou, tornando a semente do conhecimento imortal, passando-a também para outros homens.

De acordo com o que vimos, então, o escrito do filósofo é um jogo, "uma composição escrita própria do dialético"[64]. Ele que possui a ciência do *justo*, do *belo* e do *bem*, semeia discursos escritos sobre esses temas apenas "por brincadeira" e para que na velhice tenha neles, quando muito, um alento para a memória. Quando atua com seriedade, o dialético escolhe um terreno fecundo e planta ali o que possui de verdadeira ciência para que nasçam outros discursos e causem a felicidade naqueles que a possuem. O escrito é um belo jogo – mais do que os outros que nada valem –, mas a oralidade dialética evoca um grau de seriedade que a torna mais bela até do que os melhores escritos: a partir dela, diz Reale de forma emblemática, "os discursos são semeados e plantados com empenho na alma apta (ou seja, não nos lugares artificiais, que são os rolos de papel, mas no lugar justo, que é a alma) e seguindo as regras oportunas e

---

64. SZLEZÁK, Th.A. *Op. Cit.* p. 61.

necessárias para ensinar, isto é, para comunicar [na forma de ensino] ciência"⁶⁵. Segundo o ateniense:

> Sócrates: (...) Agora, diz-me o seguinte: o agricultor inteligente agirá seriamente (*spoudê*) ao semear no verão 'nos jardins de Adônis' as sementes que lhe são mais caras e das quais quer que nasçam frutos, e se alegrará ao vê-las crescer belas em oito dias, ou o fará por jogo (*paidiás*) e por causa da festa, se o fizer? Ou, ao invés, as sementes com as quais se preocupa seriamente, as semeará em lugar adequado, seguindo todas as regras da arte da agricultura, contente com tudo que semeou chegue ao seu termo em oito meses?
>
> Fedro: Assim o fará, Sócrates, seriamente neste último caso e não seriamente no outro, como tu disseste.
>
> Sócrates: E quem possui a ciência do justo (*dikaíon*), do belo (*kalón*) e do bom (*agathón*), devemos dizer que tenha menos juízo do que um agricultor para com as suas sementes?
>
> Fedro: Absolutamente não.
>
> Sócrates: Então, se quiser fazer seriamente, não as escreverá com tinta, semeando-as com a pena de escrever, fazendo discursos que não são capazes de se defender sozinhos com o raciocínio, e que não são sequer capazes de ensinar a verdade de modo adequado (*hikanós talethé didáxai*).
>
> Fedro: Não, pelo menos não é verossímil que ocorra desta forma.
>
> Sócrates: Não, de fato. Mas quando escrever, "os jardins da escrita" (*grámmasi képous*) serão semeados e escritos por jogo, acumulando material para chamar à sua própria memória, para quando chegar à "velhice que leva ao esquecimento", caso ela chegue, e para os que seguem o mesmo caminho, e se alegrará por vê-los crescer frescos. E quando os outros se dedicarem a outros jogos, passando o seu tempo nos simpósios

---

65. REALE, G. *Op. Cit.* p. 60.

CAPÍTULO II

ou em outros prazeres semelhantes, ele então, como parece, em vez de se deleitar nessas coisas, passará a sua vida deleitando-se nas coisas a que me refiro.

Fedro: É um jogo muito belo, Sócrates, comparado a outros que nada valem, este de quem é capaz de deleitar-se com os discursos, narrando sobre a justiça e sobre outras coisas das quais falas.

Sócrates: Assim é de fato, caro Fedro, mas muito mais belo se torna o empenho sobre estas coisas, creio, quando se faz uso da arte da dialética (*dialektikèi tèchneî*) e com ela, tomando uma alma apta (*labòn psyquèn prosékousan*), se plantem e se semeiem discursos com conhecimento (*epistémes lógous*), que sejam capazes de socorrer (*boetheîn*) a si próprios e a quem os plantou, que não permaneçam infrutíferos, mas produzam semente, da qual nasçam também noutros homens outros discursos, que sejam capazes de tornar esta semente imortal e que façam feliz quem a possui, na maior medida que seja possível ao homem.

Fedro: Muito belo é isso que dizes.[66]

No penúltimo momento do trecho que examinamos (277b–278b), o personagem Fedro pede a Sócrates que faça uma exposição sobre as regras de composição dos discursos escritos (*lógoi*) a fim de que se sinta mais bem situado quanto à crítica feita ao texto de Lísias (citado no prólogo do diálogo). De acordo com Sócrates, para que os escritos sejam bem conduzidos e, por via de consequência, para que sejam úteis, é preciso que o seu autor conheça a verdade sobre cada uma das coisas sobre as quais fala ou escreve, que esteja em condições de defini-las tal como são e de dividi-las em suas respectivas espécies até que nada mais possa ser ulteriormente dividido. Outrossim,

---

66. *Fedro*, 276b – 277a.

é preciso que, conhecendo a natureza da alma para a qual se dirige, ordene e construa seu discurso de modo adequado, oferecendo discursos complexos para as almas complexas e discursos simplórios para as almas de igual natureza. De outro modo, resume Sócrates, os discursos nada poderão ensinar nem persuadir como deveriam fazê-lo. Note-se que Platão impõe nesse parágrafo duas cláusulas restritivas para que a construção de um discurso seja feita de acordo com a arte (*téchne*) adequada, a saber: i) é preciso adotar um procedimento *diairético-definitório* que deverá pôr em evidência as características peculiares de cada coisa analisada e, ii) o autor do discurso deve conhecer a capacidade de assimilação de cada alma para a qual pretende se dirigir, de acordo com a natureza que lhe é própria. A utilidade dos *lógoi* escritos, então, depende em grande medida, ou mesmo completamente, das regras de composição adotadas para eles – ainda que tenham todos, independentemente do estilo, o mesmo estatuto pedagógico precário dos discursos orais pronunciados por quem não sabe ou construídos a propósito da persuasão e não do verdadeiro ensinamento. É fundamental, portanto, que o dialético esteja sempre em condições de reconhecer que em todos os textos escritos – sejam eles belos e úteis – figura uma grande parte de jogo e que nenhum deles jamais foi escrito, em verso ou em prosa, com muita seriedade. Assim, para Platão, temos basicamente quatro tipos de discursos: i) os que foram escritos sem que seus autores soubessem a verdade das coisas sobre as quais versavam e sem se preocuparem com a natureza da alma dos seus leitores; ii) os que foram escritos de acordo com os procedimentos dialéticos (*diairéticos-definitórios*) e segundo o conhecimento prévio da natureza daqueles para os quais se dirige; iii) os discursos orais compostos pelos que não sabem sobre o que falam (com o objetivo de persuadir e não de ensinar); iv) os discursos mantidos na dimensão da oralidade e regulados

CAPÍTULO II

pelo método dialético, distinguindo e subdividindo cada objeto sobre os quais versam, de acordo com a excelência das almas para as quais foram construídos. Diante desse quadro, Platão conclui que erra quem escreveu ou escreverá, sobre assuntos privados ou públicos, propondo leis ou obras de cunho político, na convicção de que delas extrairá alguma coisa de estável e clara. Mesmo os melhores dentre os escritos – concebidos de acordo com aquelas cláusulas restritivas – são apenas e tão-somente "meios para ajudar a memória daqueles que já sabem", e só nos discursos ditos no contexto do ensinamento e com o escopo de fazer aprender, isto é, "nos discursos escritos realmente na alma sobre o *justo*, o *belo* e o *bem*", existe clareza, completude e seriedade. Eis o texto de Platão:

> Sócrates: Uma vez que estamos de acordo sobre isto, Fedro, temos agora condições de julgar as questões primeiras.
>
> Fedro: Quais?
>
> Sócrates: Aquelas que queremos esclarecer e pelas quais chegamos a este ponto, ou seja, examinar a crítica feita a Lísias sobre o escrever discursos e examinar os próprios discursos, quais são escritos de acordo com a arte (*téchne*) e quais, ao invés, são escritos sem arte (*áneu téchnes*). No que diz respeito ao que seja uma tal arte e ao que ela não seja, me parece que já o esclarecemos de maneira conveniente.
>
> Fedro: Sim, também me parece. Mas me faça lembrar, uma vez mais, como o fizemos.
>
> Sócrates: Primeiro é preciso que o indivíduo saiba o verdadeiro sobre cada uma das coisas sobre as quais fala ou escreve (*péri hón légei è gráphei*), e que esteja em condições de definir (*horízdestai*) cada coisa em si mesma, e, uma vez definida, saiba dividi-la nas suas espécies até chegar a isto que não é ulteriormente divisível, e depois de ter penetrado na natureza da alma (*psyquês phýseos*), encontrando novamente a espécie

adequada a cada natureza, é preciso que construa e ordene os seu discurso de modo correspondente, oferecendo a uma alma complexa discursos complexos (...) e a uma alma simples, discursos simples. Antes disso não será possível que se trate com arte, na medida em que convenha por natureza, o gênero dos discursos, nem para ensinar (*didáxai*), nem para persuadir (*peísai*), como tudo isto que dissemos e que nos fez recordar.

Fedro: Tudo isto parece evidente.

Sócrates: Depois, sobre a questão se é belo ou feio pronunciar e escrever discursos, e quando a crítica tenha sido feita com razão e quando sem, não nos esclareceu o discurso que fizemos há pouco?

Fedro: E o que dissemos?

Sócrates: Que se Lísias, ou qualquer outro, escreveu ou escreverá sobre coisas de interesse privado ou de interesse público, propondo leis, escrevendo obras políticas, na certeza de que nestas obras escritas exista uma grande estabilidade e clareza (*bebaióteta/saphéneian*), então isto, para quem escreve, será de grande vergonha, que alguém o diga ou que não o diga. De fato, não distinguir a vigília do sono no que diz respeito ao justo e ao injusto, ao mal e ao bem, a coisa pode não ser, em verdade, motivo de muita vergonha, quando também a multidão o louva.

Fedro: Certamente não pode.

Sócrates: Ao invés, que considera que um discurso escrito, independentemente do argumento sobre o qual trata, tenha necessariamente muito de jogo (*paidián*), e que nenhum discurso jamais tenha sido escrito em verso ou em prosa com muita seriedade (*spoudés*) – e tampouco tenha sido recitado, como os discursos que são recitados pelos rapsodos, que sem possibilidade de exame e sem nada ensinar, visam unicamente persuadir –, mas que, verdadeiramente, os melhores dentre eles não sejam mais do que meios para ajudar a memória dos que já sabem; e considera que só nos discursos pronunciados no contexto do ensinamento (*didaskoménois*) e com o objetivo de fazer aprender (*mathéseos*), ou seja, nos discursos escritos realmente na alma (*graphoménois en psykéi*) a respeito do justo, do belo e do bem, exista clareza, completude e seriedade ; e, ademais, considera que discursos desse gênero devam ser considerados seus, como se fossem filhos legítimos, e, antes de tudo, o discurso que ele traz em si mesmo, caso o tenha encontrado, e depois, aqueles discursos que, filhos ou irmãos deste, nasceram do mesmo modo em outras almas de outros homens, segundo o seu valor, e saúda todos os outros e os dispensa: pois bem, caro Fedro, é provável que seja justamente um homem deste tipo que tu e eu esperamos nos tornar.

Fedro: Na verdade é o que desejo, e espero isso que dizes.[67]

A parte final do trecho conclusivo do *Fedro* (278c-e) culmina com um recado de Platão a todos aqueles que compuseram discursos escritos, sejam eles quais forem: se os escreveram conhecendo a verdade e estão em condições de socorrê-los e defendê-los quando necessário, e se quando falam estão aptos a demonstrar a fraqueza (*phaúlon*) dos escritos, então, eles devem ser chamados com o nome daquilo a que se dedicam com verdade: *filósofos*. Por outro lado, aqueles que não possuem nada de maior valor (*timiótera*) do que aquilo que escreveram deverão ser chamados, de acordo com o mesmo princípio, de *poetas*, *logógrafos* ou *legisladores*. Filósofo e dialético, então, é aquele que no curso de uma exposição oral própria, consegue evidenciar a debilidade daquilo que escreveu e que preserva não-escrito o que possui de mais sério e importante. Só o filósofo-dialético, tal como caracterizado no *Fedro*, tem condições reais de ensinar algo oralmente: ele é "aquele que sabe" (*ho eidós*), o sábio que planta a

---

67. *Fedro*, 277b – 278b.

verdade na alma do discípulo e que confessa, sem receio, a menor importância do que escreveu. Eis a parte conclusiva do texto:

Sócrates: No que concerne aos discursos, parece que nos divertimos o suficiente. Mas tu deves procurar Lísias e dizer-lhe que nós dois, tendo descido à fonte e ao santuário das Ninfas, ouvimos discursos que nos mandavam dizer a Lísias e a qualquer outro que componha discursos, a Homero e a qualquer outro que tenha composto poesia com música ou sem música, a Sólon e a quem quer que haja composto discursos políticos denominando-os leis: "Se compôs essas obras conhecendo a verdade e está em condição de socorrê-las (*boetheîn*) quando defende as coisas que escreveu e, ao falar, possa demonstrar a debilidade do texto escrito (*tà gegramména phaúla apodeîxai*), então, um homem assim deve ser chamado não com o nome que têm aqueles que citamos, mas com um nome derivado do objeto ao qual se aplicou seriamente.

Fedro: E que nome é esse que lhe dás?

Sócrates: Chamá-lo sábio (*sophón*), Fedro, parece-me exagerado, pois tal nome convém apenas a um deus; mas chamá-lo filósofo, ou seja, amante da sabedoria, ou com algum outro nome deste tipo, seria mais próprio e mais conveniente para ele.

Fedro: E de nenhuma maneira seria fora de propósito.

Sócrates: Ao contrário, aquele que não possui nada de maior valor (*mè éxonta timiótera*) no que diz respeito àquelas coisas que compôs por escrito, passando muito tempo a girá-las de um lado para outro, colando ou separando uma parte da outra, não o chamarás, com razão, poeta, fazedor de discursos ou redator de leis?

Fedro: Como não?[68]

---

68. *Fedro*, 278c – e.

CAPÍTULO II

Considerações finais sobre os autotestemunhos do Fedro

É razoável admitir que do trecho conclusivo do *Fedro*, tomado separadamente, não se pode deduzir uma doutrina oral de Platão; entretanto, sua leitura nos leva a rever o modo segundo o qual compreendemos os diálogos de Platão. Se o filósofo é aquele que reserva as *timiótera* para uma exposição dialética mantida no âmbito da oralidade, é forçoso admitir, por via de consequência, que, por definição, tais coisas não podem estar totalmente contidas nos seus diálogos (a não ser, é claro, que alguém ouse sugerir que Platão não chegava a considerar a si próprio um filósofo). A opinião de que ele teria sugerido apenas uma diferença no modo de exposição de um único e mesmo conteúdo parece estar em completo desacordo com aquilo que encontramos no *Fedro*. Szlezák nos lembra que, para Platão, o não-filósofo é "aquele que não possui nada de maior valor do que aquilo que compôs por escrito" (278d) e não "aquele que não tem alguma coisa de maior valor no modo de compor o escrito"[69]. Tal observação deve nos permitir vislumbrar uma clara oposição de conteúdo entre aquilo que pode ser escrito (semeado *por brincadeira* no jardim de Adônis) e aquilo que fica guardado exclusivamente para as lições orais e que verdadeiramente ensina (porque gravado na alma do discípulo).

Outro ponto para o qual gostaríamos de chamar a atenção, é que logo no início da parte do *Fedro* dedicada à origem e às particularidades da escrita, Platão estabelece uma correlação analógica entre a escrita e o *phármakon* (274e). Como é sabido, o termo *phármakon* encerra uma complexa variação semântica – que se prolonga exemplarmente numa possível tradução para o português no vocábulo "droga" – que, no caso em questão, pode

---

69. SZLEZÁK, Th.A. *Op. Cit.* pp. 67-68.

ser igualmente ilustrada tanto pela palavra "remédio" quanto pela palavra "veneno". "Este conhecimento (*tò máthema*), ó rei, tornará os Egípcios mais sábios e mais capazes de recordar (*mnemonikotérous*) porque com ele foi encontrado o *phármakon* da memória", diz o deus-pai-da-escrita, antes de ser imediatamente corrigido pelo rei egípcio. "Encontraste não o *phármakon* da memória, mas do chamar a memória" (*mnémes hypopnéseos phármakon*)[70]. Pela primeira vez no diálogo, o enleamento semântico entre *phármakon* e escrita é objetivo e claramente evidenciado sob seu aspecto negativo. Nem mesmo quando, no prólogo do texto, *Pharmakeíai* surge como co-responsável pela morte de Orítia próximo ao rio Ilissos – local onde é travado o diálogo entre Sócrates e Fedro – ou quando Sócrates se refere ao discurso escrito por Lísias como um *phármakon* utilizado por Fedro para tirá-lo das muralhas que envolvem a *pólis*[71] – "o *phármakon*, o descaminho", diz Derrida[72] –, o aspecto negativo da palavra escrita surge com tanta força, aniquilando a polissemia que *phármakon* naturalmente possui. Ora, foi visto que, para Platão, a escrita não é em si mesma um mal, dado que pode ser um importante instrumento (ou remédio) para chamar à memória um conhecimento já assimilado anteriormente[73]; contudo, se utilizada para fins diversos daqueles que recomendam a sua natureza pedagógica precária – como tentar ensinar a verdade por meio dela – ela se revela sob seu aspecto mais nocivo, como um *phármakon* venenoso, uma droga que, como qualquer outra utilizada de forma inábil, acaba por gerar mais malefícios do que benefícios ao usuário[74].

---

70. *Fedro*, 275a.
71. *Fedro*, 230d-e.
72. DERRIDA, J. *Op. Cit.* p. 15.
73. A importância da escrita é destacada por Platão também no *Timeu* (23a-d).
74. Derrida sublinha que na parte final do *Fedro* o termo *phármakon* deixa de ser um não-filosofema e passa a ser, de fato, um filosofema.. DERRIDA, J. *Op. Cit.* pp. 13-22.

CAPÍTULO II

Talvez se possa explicar boa parte da hostilidade ao Novo Paradigma interpretativo pela precipitada impressão de que, a partir dele, os diálogos teriam sua importância gravemente diminuída e que, por via de consequência, os trabalhos produzidos a partir da teoria do diálogo literário autônomo em Platão perderiam grande parte da sua legitimidade e interesse filosófico. Sobre esse ponto, vimos que para os tubingueses uma nova proposta hermenêutica que procure considerar seriamente uma doutrina esotérica em Platão não deve necessariamente implicar na diminuição do valor dos diálogos na construção gnosiológica do pensamento do filósofo; ao contrário, é possível — e até provável — que ele os eleve a graus de significação só comparáveis àqueles do paradigma fundador da Primeira Academia. Hans Krämer, por exemplo, assevera que o Novo Paradigma "leva à reavaliação" dos diálogos, dando-lhes "quanto aos conteúdos (...) uma riqueza de material incomparavelmente superior"[75]. Por isso, é com significativo vigor que os criadores do Novo Paradigma insistem na tese de que não defendem a exclusão absoluta do instrumental schleiermacheriano, mas que propõem tão-somente o seu *redimensionamento*. Com o paradigma hermenêutico alternativo, dizem, os diálogos não perdem seu valor enquanto registro escrito de parte do que Platão pensou e ainda ganham nova significação e importância histórica. Talvez não se deva mesmo pensar no *não-escrito* e no *escrito* em Platão como coisas que se excluem: devidamente avaliados, os diálogos podem (e devem) continuar sendo excelente meio de apreensão de uma série de conteúdos só tratados neles e, com o complemento oferecido pelas lições orais, talvez se mostrem menos arredios a uma perspectiva *realmente* unitária — e não *virtualmente* unitária, como em Schleiermacher — e menos aporética, como usualmente

---

75. KRÄMER, H. *Op. Cit.* p. 139.

o fazem. Não ignoramos que Platão tenha escrito muito e que, por si só, isto seja significativo. Contudo, o fato de ter escrito muito não atesta *a fortiori*, como quer Schleiermacher, que ele tenha consignado tudo aquilo que pensou – em especial o que pensou de mais importante – na escrita (já que foi justamente *por escrito* que ele apontou para direção contrária). Em vista do mesmo propósito, é curioso notar que só foi possível pensar um novo paradigma para Platão com o uso imparcial da metodologia criada por Schleiermacher: ler Platão e tomar como sérias as palavras do escrito, procurando compreendê-las dentro do contexto para o qual supõe-se que tenham sido colocadas ali. É pensando o platonismo a partir da aspiração originaria de Schleiermacher – ainda que com resultados inequivocamente diversos – que a crítica platônica à autonomia da palavra escrita tem conquistado cada vez mais espaço no âmbito da pesquisa dedicada ao filósofo e isso já seria motivo suficiente para observar e respeitar a importância e a integridade filosófica dos diálogos. É a partir de uma frequentação contínua deles que poderemos, quem sabe, estabelecer os parâmetros ideais para a compreensão do sistema geral da filosofia platônica e, consequentemente, das nuanças exegéticas que o envolvem. Depois, talvez o medo manifestado por alguns estudiosos de que os trabalhos sobre Platão produzidos em desacordo com o novo paradigma poderiam tornar-se dispensáveis (ou "de escasso valor filosófico") possa ser abrandado com uma simples e evidente observação: na medida em que os pontos de contato entre o que parecem ser as doutrinas orais de Platão e os seus diálogos forem aumentando em número e melhorando em qualidade – o que esperamos que aconteça –, os melhores entre aqueles estudos terão vida nova e provavelmente serão lidos sob perspectivas mais fecundas e corretas do que até agora foi feito, dado que se procura a recíproca e simétrica integração entre as

CAPÍTULO II

tradições direta e *indireta* da filosofia platônica. Assim, como quer Gaiser, Platão não perde nada enquanto artista e ganha ainda como filósofo[76]. Num esquema, temos, em quadro transmitido por Giovanni Reale:

O escrito	A oralidade
– é um jogo.	– implica máxima seriedade.
– é um "mitologizar".	– implica a arte dialética (a arte de filosofar por excelência em Platão).
– se segue as regras de composição, é um belo jogo.	– é muito mais bela do que o escrito.
– é uma espécie de imagem (cópia).	– é o "original", vivo, que inspira o escrito.

Sobre os autotestemunhos da Carta VII contra a autonomia da palavra escrita (considerações preliminares)

O reconhecimento da autenticidade e da autoria da *Carta VII* – trabalho executado por Wilamowitz-Moellendorff[77] – parece ter ampliado não só as possibilidades interpretativas concernentes à ciência política em Platão, mas também reforçado de forma emblemática o aparato conceptual daqueles que defendem como

---
76. GAISER, K. *La dottrina non scritta di Platone*. Milano: Vita e Pensiero, 1994, p. 9.
77. WILAMOWITZ MOELLENDORFF, Ulrich Von. *Platon: Sein Leben und seine Werke*. Berlim, 1919.

legítima uma doutrina platônica esotérica não completamente exposta ou desenvolvida nos diálogos do filósofo.

Outros vão além e chegam a considerar a *Carta VII* uma espécie de *Bellerophontis litterae* do paradigma hermenêutico tradicional, julgando que o seu excursus filosófico acaba por significar um golpe de misericórdia em qualquer pretensão anterior ou futura de se desconsiderar in toto a existência das ágrapha dógmata de Platão.

Para esses estudiosos, a partir das informações extraídas daquela *Carta*, com efeito, a discussão não incide mais sobre a possibilidade ou não de se falar em doutrinas orais de Platão e passa a ser tão-somente sobre como estabelecer um ideal entrelaçamento entre tais doutrinas e os textos escritos aos quais já temos acesso.

Independentemente das posturas adotadas pelos defensores do esoterismo platônico diante das possibilidades hermenêuticas inauguradas pela *Carta VII*, entretanto, os adversários de *Tübingen- -Milão* recorreram basicamente a dois argumentos para a defesa de suas convicções, quais sejam: i) tentaram negar a autenticidade da *Carta VII* [78] e/ou ii) procederam com uma interpretação muito singular do termo *súngramma* – assim como fizeram no *Fedro* – a fim de associá-lo a um tipo de escrito doutrinal (ou sistemático) e, consequentemente, de proteger a forma dialógica dos textos de crítica tão contundente.

---

78. Schleiermacher parece ter se resignado a suspender o juízo sobre a autenticidade ou não autenticidade da *Carta VII*. SCHLEIERMACHER, F.D.E. *Introduzione al Fedro*, vol I-1, p. 75 *apud* KRÄMER, H. *Op.Cit.* p. 45.

CAPÍTULO II

> Se você entender a minha Sétima Carta, terá entendido muito da minha filosofia e do meu modo de comunicar filosofia

Contra o primeiro daqueles recursos, sabe-se que hoje em dia a autenticidade da *Carta VII* é aceita pela esmagadora maioria dos estudiosos e que os que não a admitem parecem carecer de argumentação convincente que comprove suas opiniões. Os recursos mais utilizados pelos defensores da não-autenticidade são aqueles que buscam no texto da *Carta* alguma contradição de ordem histórica no desenrolar dos eventos sicilianos e nalguma afirmação feita em desacordo com os princípios filosóficos gerais de Platão tal como supostamente extraídos da letra dos diálogos[79]. Essa *petitio principii* da qual partem os críticos, entretanto, não parece ter obtido algum resultado digno de menção e, pelo que se sabe, está longe de apresentar alguma séria ameaça ao trabalho de Wilamowitz-Moellendorff (além de não ser cientificamente admissível). Ademais, como lembra um tubinguese, no atual estado do debate o *onus probandi* deve recair sobre os que sustentam a não-autenticidade da *Carta VII* e não sobre aqueles que a sustentam, exatamente porque, por princípio, "não se pode provar sua autenticidade literária, mas só a sua não-autenticidade" o que, até onde sabemos, ainda não foi feito[80].

Não me deterei na refutação do segundo daqueles recursos porque creio ter dito o suficiente nas páginas dedicadas ao *Fedro*. A hipótese de que o termo *súngramma* foi utilizado por Platão meramente para indicar um tipo de escrito doutrinário ou sistemático não parece ser amparada nem pela história da palavra no mundo grego nem pelas diversas acepções nas quais

---

79. SZLEZÁK, Th.A. *Op. Cit.* p. 474.
80. *Id.* p. 474. Salientamos, porém, que alguns dos estudiosos de tendência antiesotérica aceitam a autenticidade da *Carta VII* sem considerá-la necessariamente uma obra de validação do paradigma tubinguese. PARENTE, M.I. *Filosofia e politica nelle lettere di Platone.* Nápoles, Guida, 1970.

ela aparece nos textos platônicos[81]. Dito isso, passemos à análise dos *autotestemunhos* contidos no *excursus* da *Carta VII*.

Para uma análise do excursus filosófico da Carta VII

Seguindo o método utilizado para o estudo do *Fedro*, decompus os *autotestemunhos* da *Carta VII* (340b–345c) em cinco instantes. Veja mais detidamente cada um deles.

No primeiro momento do *excursus* da *Carta VII* (340b–341b), Platão relata aos amigos e parentes de Díon que, recém-chegado a Siracusa, submeteu Dionísio a uma prova (*élenchos*) a fim de saber se o tirano tinha sido, de fato, arrebatado pela filosofia como por um fogo ou se havia nele um desinteresse por assuntos dessa natureza. Segundo o ateniense, a prova consistia na análise da reação desencadeada no ouvinte, no momento em que lhe fossem apresentadas – a princípio numa abordagem sinóptica e ilustrativa – as características da filosofia no seu complexo e as diversas implicações que o seu estudo tem na vida prática do indivíduo. De acordo com Platão, diante do *élenchos* ministrado por ele, o interlocutor geralmente assumia uma das duas posturas seguintes: i) se era verdadeiramente filósofo e digno do filosofar – porque dotado de natureza divina – julgaria ter ouvido coisas maravilhosas e se colocaria imediatamente à disposição do mestre para percorrer aquela via que acabara de lhe ser apresentada. Uniria os próprios esforços àqueles de quem indica o caminho e não desistiria antes de chegar ao seu fim ou de estar em condições de, sozinho, alcançá-lo. Assumiria quotidianamente o modo filosófico de vida e odiaria qualquer outro que lhe fosse

---

81. SZLEZÁK, Th.A. *Op. Cit.* pp. 463-471.

apresentado; contudo, ii) se não fosse um verdadeiro filósofo – mas possuísse apenas um verniz exterior de opiniões – julgaria estar diante de coisa difícil e evitaria o exercício exatamente por ver quanta fadiga a via da filosofia implicaria e quantas são as coisas a serem aprendidas. Dentre eles, alguns se convenceriam de ter ouvido, apenas com a sinóptica preleção no momento da prova, o suficiente sobre o "todo" (*tò hólon*) e julgariam não precisar de nenhum outro conhecimento acerca do que lhes foi apresentado por acenos.

Foi desse último modo que o tirano reagiu à prova aplicada por Platão: segundo o filósofo, Dionísio presumia saber muitas coisas – inclusive "as maiores" (*tà mégista*) – e dominá-las o suficiente, tanto que pouco depois julgou conveniente compor um escrito sobre elas, ainda que não tenha ouvido de Platão um discurso sobre "todas as coisas" e que não tenha pedido ao mestre para pronunciá-lo.

A reação de Dionísio diante da prova que lhe foi aplicada é própria de um não filósofo. Mesmo com uma medíocre compreensão do "todo" e das "maiores coisas" contidas na filosofia – adquirida por uma breve lição introdutória –, resolveu registrá-los por escrito. O desprezo com que Platão se dirige a todos os outros que escreveram sobre tais coisas (o *hólon* e as *mégista*) demonstra o descontentamento com a atitude, em tudo desautorizada por ele como se pode deduzir, do tirano de Siracusa. Platão não considera correto escrever sobre aquelas coisas, em especial, se o escrito é composto por quem não compreendeu "todas as coisas" (*panta*) de modo adequado. Note-se que Platão não reprova Dionísio por ter utilizado um estilo *tratadístico*, ou *sistemático-complexivo*, quando deveria redigir em forma dialógica; sua censura se dirige simplesmente ao fato de ele ter consignado na escrita um conteúdo que, com apenas uma aula, ainda não dominava adequadamente⁸². Outrossim, Platão não diz que teria ficado menos irritado se o escrito tivesse uma forma dialógica e muito menos ouvimos dele alguma referência aos seus próprios diálogos como "modelos escritos das *timiótera* ou das *mégista* ou do *hólon*", como seria natural nesse caso. Nas palavras de Platão:

> Logo que cheguei a Siracusa, pensei, primeiramente, que eu deveria pôr à prova (*élenchon deîn labeîn*) se Dionísio foi mesmo aceso pela filosofia como por um fogo, ou se, sobre isto, teriam sido sem fundamento as muitas vozes que chegaram a Atenas. Há um modo nada vulgar de aplicar esta prova, e que, aliás, é verdadeiramente adequado para os tiranos, sobretudo para aqueles dados ao palavreado; e eu, logo que cheguei, percebi que Dionísio se encontrava, sem dúvida, nestas condições. A homens assim, é preciso mostrar o que seja a filosofia no seu complexo, qual seja a sua característica, quantas coisas comporta e quanta fadiga implica (*hóti ésti pán tò prágma hoiòn te kaì di'hóson pragmátom kaì hóson pónon échei*). Então, quem ouve, se é verdadeiramente filósofo, isto é, idôneo e digno da filosofia – porque dotado de natureza divina –, julga que aquilo que acabou de ouvir seja uma coisa maravilhosa e que deve aprendê-la imediatamente, e que não deve viver de modo diverso. Assim, unindo os seus próprios esforços àqueles de quem indica o caminho, não desiste antes de ter alcançado completamente o seu fim, ou antes de estar em condições de, sozinho, sem alguém que o guie, prosseguir naquele caminho. Agindo e pensando assim vive um tal homem, dedicando-se, sim, aos seus próprios negócios, quaisquer que sejam, mas em todas as coisas seguindo sempre a filosofia e aquele modo cotidiano de viver que, mais do que qualquer

---

82. Aliás, Platão mesmo dá provas de conhecer muito pouco da natureza do escrito composto por Dionísio (341b-c). Sobre este ponto, Szlezák diz: "Só os seguidores da moderna teoria da forma do diálogo possuem conhecimentos seguros sobre a disposição 'sistemática' deste 'escrito didático' [de Dionísio]". SZLEZÁK, Th. A. *Op. Cit.* p. 479.

outro, o deixa pronto para aprender, pronto para recordar, capaz de raciocinar e de ser plenamente mestre de si mesmo; e, ao contrário, odiará, por toda a sua vida, o modo de vida contrário a esse. Mas aqueles que não são verdadeiramente filósofos e possuem um verniz exterior de opiniões – como aqueles que têm o corpo bronzeado pelo sol –, vendo quantas são as coisas a serem aprendidas, quão grande seja a fadiga e, como convém à filosofia, o bem regulado regime cotidiano, julgam que seja coisa difícil e impossível para eles, e não conseguem exercitar-se; além disso, alguns deles se convencem de ter ouvido o bastante sobre o todo (*tò hólon*) e de não precisarem mais de outras coisas. E esta é a prova mais clara e mais segura para aqueles que vivem no luxo e não são capazes de suportar a fadiga, de modo que eles não devem culpar a quem os guia, mas a si próprios, se não são capazes de pôr em prática tudo isto que sucede pela filosofia.

Assim, então, disse a Dionísio as coisas que disse. Mas não lhe expliquei todas as coisas e nem ele me pediu que o fizesse: de fato, ele presumia saber já muitas coisas, mesmo as maiores (*tà mégista*), e dominá-las o suficiente por tê-las ouvido de outros. Depois disso, como ouvi dizer, ele compôs um escrito acerca daquelas coisas que ouvira de mim, apresentando-o como sua própria obra e não como coisa derivada daquelas outras que ouvira de mim; mas sobre isso nada sei. Em verdade, sei que outros escreveram sobre essas mesmas coisas, mas os que o fizeram, sequer conhecem a si próprios.[83]

O segundo momento do *excursus* filosófico (341b-341d) começa com o polêmico passo no qual Platão endereça uma mensagem para aqueles que escreveram ou escreverão sobre as coisas que ele medita: "(...) seja por tê-las ouvido de mim, seja por tê-las ouvido de outros, seja por tê-las descoberto sozinhos, não é possível, a meu ver, que tenham entendido algo desse

---

83. *Carta VII*, 340b – 341b.

objeto. Sobre essas tais coisas não existe um texto escrito meu nem existirá jamais"[84]. Ainda que seja meramente uma "carta de intenções" – que, em última instância, nada prova – não nos parece arriscado supor que aquilo sobre o que Platão medita e diz nunca ter escrito (ou que escreverá) sejam exatamente as "coisas maiores" (*mégista*) e o "todo" (*hólon*) que Dionísio nunca quis verdadeiramente aprender. E os motivos pelos quais Platão nunca escreveu (ou escreverá) sobre aquelas coisas são, de acordo com ele mesmo, os seguintes: i) o conhecimento dessas coisas *não é comunicável como os outros conhecimentos* e ii) depois de muitas discussões sobre aquelas coisas e de uma comunhão de vida entre quem ensina e quem aprende, *aquele conhecimento, como luz que se acende de uma faísca, nasce na alma e alimenta-se de si próprio*.

O primeiro motivo, lembrado por Giovanni Reale, afasta a hipótese de que um conhecimento sobre as *mégista* e o *hólon* seja, para Platão, completamente incomunicável[85]. Segundo o próprio filósofo, ele não é comunicável *como os outros conhecimentos*, porque exige um intenso debate e uma comunhão de vida entre mestre e discípulo (não requeridos, portanto, para os outros conhecimentos). Para Krämer, essa passagem evidencia uma teoria platônica da comunicação filosófica, pois, "uma comunicação eficaz, que garanta uma assimilação inteligente, é possível apenas percorrendo um processo de formação espiritual que dura longamente e que se realiza no âmbito da oralidade dialética"[86]. É certo, de acordo com o trecho em questão, que a rigidez da forma escrita de comunicação não poderia abarcar a complexidade envolvida no adestramento filosófico preconizado

---

84. *Carta VII*, 341b-c. Para *Tübingen-Milão*, os autotestemunhos da *Carta VII* se remetem, no mínimo, à *República* e que, portanto, trata-se de um texto concebido tardiamente por Platão. KRÄMER, H. *Op. Cit.* pp. 97-107.
85. REALE. G. *Op. Cit.* p. 70.
86. KRÄMER, H. *Op. Cit.* p. 100.

pelo mestre para que o discípulo concebesse na alma as coisas mais importantes[87]. Notemos, no entanto, que Platão não fala na impossibilidade de se compor um escrito sobre as maiores coisas. Sua preocupação parece se dirigir claramente para a ineficácia que um escrito sobre tais coisas tem e para o fato de que sua inadequação não permite a produção de verdadeiro conhecimento. Em tese, portanto, talvez fosse possível escrever sobre as *mégista*, ainda que um tal escrito absolutamente não garantisse nem um seu exato entendimento, nem uma correta assimilação do seu conteúdo. São as diversas limitações do registro grafado, tal como vimos no *Fedro*, que inviabilizam uma ideal comunicação daquilo que Platão considera as *maiores coisas* da sua filosofia e que talvez o tenham feito preferir a oralidade dialética como meio seguro de ensino/aprendizagem de parte fundamental da sua filosofia. Segundo o próprio Platão:

> (...) posso dizer sobre todos aqueles que escreveram ou que escreverão, todos aqueles que afirmam saber aquelas coisas sobre as quais penso, seja por tê-las ouvido de mim, seja por tê-las ouvido de outros, seja por tê-las descoberto sozinhos, não é possível, a meu ver, que tenham entendido algo desse objeto. Sobre essas tais coisas não existe um texto escrito meu nem existirá jamais (*oúkoun emón ge perì autón éstin súngramma oudè mépote génetai*). De maneira alguma o conhecimento dessas coisas é comunicável como o dos outros conhecimentos, mas, depois de muitas discussões feitas sobre elas, e depois de uma vida comum, subitamente, como luz que se acende de uma faísca, ele nasce na alma e alimenta-se de si mesmo.[88]

---

87. "A semeadura da *paidéia* platônica só pode frutificar em regime de longo convívio, como diz a *Carta Sétima* (341 c), e não em poucos semestres de regime escolar". JAEGER, W. *Paidéia: A Formação do Homem Grego*. São Paulo: Martins Fontes, 1995, p. 1273.
88. *Carta VII*, 341b – 341d.

CAPÍTULO II

No terceiro passo do conteúdo filosófico da *Carta VII*, Platão diz que se as *coisas maiores* tivessem que ter sido escritas ou ditas, ele mesmo o teria feito do melhor modo possível, pois, para ele, escrever umas doutrinas sobre as *coisas maiores*, comunicando-as de modo adequado aos muitos (*toùs polloùs*), seria a mais bela tarefa de sua vida[89]. Não obstante isso, ele assevera que um escrito dessa natureza não seria realmente benéfico para os homens, a não ser para alguns poucos que sozinhos e com poucas indicações seriam capazes de encontrar o verdadeiro. Diante de uma doutrina escrita sobre as *maiores coisas*, a maioria dos homens a julgaria com injusto e inconveniente desprezo ou a consideraria com uma vazia presunção de quem acredita ter aprendido coisas magníficas sem tê-las aprendido de fato. Como se pode deduzir da passagem que ora estudamos, e em consonância com as passagens anteriores, Platão diz que aquilo que para ele são as *coisas maiores* não podem ser comunicadas adequadamente a todos. Divulgar por escrito a porção mais importante da sua filosofia poderia prejudicar mais do que beneficiar os homens, uma vez que: i) apenas alguns poucos poderiam ler aquela doutrina de maneira adequada porque poucos seriam capazes de atinarem para o verdadeiro sozinhos e com poucas indicações e ii) a maioria deles ou desprezaria o escrito por não tê-lo entendido ou se tornaria presunçosa por acreditar ter compreendido o que, de fato, não compreendeu. Ao que tudo indica, então, Platão parece mesmo ter preferido manter as coisas mais importantes sobre as quais meditou longe do texto escrito, pois, assim registradas, elas seria tão inúteis quanto inconvenientes. Eis o que diz Platão:

> (...) isto eu sei: que se tivessem que ser escritas ou ditas, eu o faria do melhor modo possível, e que se fossem mal escritas eu sentiria muitíssimo. Se, ao contrário, eu acreditasse que essas

---

[89]. *Carta VII*, 341d-341e.

coisas deveriam ser escritas – e se pudessem comunicar de modo adequado aos muitos (*toùs polloùs*) – o que eu teria podido fazer de mais belo na minha vida do que escrever doutrina muitíssimo útil aos homens e trazer à luz para todos a natureza das coisas? Mas eu não acredito que um texto e uma comunicação sobre tais argumentos seja um benefício para os homens (*all'oúte anthrópois hegoûmai tèn epicheíresin perì autón legoménen agathón*), senão para aqueles poucos que sozinhos são capazes de encontrar o verdadeiro com poucas indicações dadas a eles, enquanto os outros se encheriam, alguns, de um desprezo injusto, em nada conveniente, outros, ao contrário, de uma arrogante e vazia presunção, certos de terem aprendido coisas magníficas.[90]

Na penúltima passagem do *excursus* que ora analisamos (342a-344d), Platão passa a se ocupar com um argumento gnosiológico que diz ter-lhe sido exposto no passado e que, segundo ele, pode lançar luz sobre a tese formulada contra os que se aventuram a escrever sobre as coisas maiores e mais sérias. De acordo com Platão, há três coisas mediante as quais se pode obter o conhecimento: o nome (*ónoma*), a definição (*lógos*) e a imagem (*eídolon*); além delas, há uma quarta coisa, o próprio conhecimento (*epistémé*), e uma quinta e última, o inteligível (*tò ón*) que é verdadeiramente ser. A fim de melhor elucidar o que pretende dizer, Platão evoca o seguinte exemplo (não sem antes pedir que o raciocínio contido ali seja aplicado a todas as outras coisas de modo semelhante): há uma coisa chamada *círculo* que possui exatamente o nome que agora lhe foi atribuído. A definição desta coisa – cujo nome é *círculo* – é dada pelo uso de nomes e verbos: "isto que tem os extremos eqüidistantes de um ponto dito centro". A terceira coisa, isto é, a imagem, é aquilo que pode ser desenhado com o compasso e logo depois apagado, sem que

---

90. *Carta VII*, 341d – 341e.

CAPÍTULO II

se desenhe ou apague o círculo enquanto tal, já que a imagem, por natureza, possui afecções que a afastam da coisa de que ela é imagem. Por sua vez, a quarta coisa é o conhecimento, a opinião veraz que se pode formar sobre as coisas (no exemplo de Platão, sobre o círculo). Para o filósofo, "grande quantidade de discursos poderiam ser feitos sobre cada uma dessas quatro coisas, mostrando como são obscuras"[91], isso porque, tanto o nome e a definição quanto a imagem e a ciência (ou o conhecimento) são instáveis e possuem natureza diversa das coisas inteligíveis. Assim, o nome e a definição, a imagem e a ciência jogam um duplo papel, de acordo com o *modo* e *por quem* são utilizados: por serem frágeis, aquelas quatro coisas se apresentam sempre como aquilo a que a alma não procura – porque só procura o que tem natureza excelente – e como coisa facilmente contestável. Desse modo, quem possui a arte da refutação (*elénchein*) pode, tomando o discurso sobre aquelas coisas, fazer com que seu autor passe por não conhecedor das coisas sobre as quais fala ou escreve, em especial, se fixado pela imobilidade e rigidez dos caracteres escritos. Em via diversa, quando colhidas e utilizadas de modo adequado por indivíduos dotados de boa natureza, o uso daquelas quatro coisas deverá elevá-los ao conhecimento da quinta coisa, a essência inteligível que a alma busca conhecer. Por isso, quem possui uma boa natureza "procedendo para o alto e para baixo" com relação a cada uma daquelas coisas, tem o conhecimento daquilo que tem boa natureza, enquanto que para quem possui natureza ruim – como é a condição na qual se encontra a alma dos muitos – um escrito sobre as *coisas maiores* seria em tudo desnecessário, pois eles se perdem nas quatro primeiras coisas (em cada uma ou em todas) e não chegam ao conhecimento do que tem boa natureza. Desse modo, o verdadeiro e o falso sobre

---

91. *Carta VII*, 343b.

tudo aquilo que existe é aprendido ao mesmo tempo, depois de uma aplicação total dos homens de boa natureza e depois de uma longa convivência entre eles, na qual nomes, definições, visões e sensações são, umas com as outras, postas à prova em discussões benévolas e sábias, feitas sem nenhuma inveja. Então, conclui Platão, por tudo isso que ficou dito, deve-se considerar o seguinte: o homem sério não registra por escrito aquilo que possui de mais sério (*spoudê*), para não lançar tais coisas na aversão e na incapacidade de entender da maior parte dos homens. Se encontrarmos obras escritas, sejam de legisladores ou de quem quer que seja, e se quem as compôs é sério, devemos concluir que não encontraremos nelas as coisas verdadeiramente sérias, pois devem estar guardadas na parte mais bela dele. Diversamente disso, se pôs no escrito as coisas que considera as mais sérias, então, "não os deuses mas os mortais 'o fizeram perder o juízo'"[92].

Esse passo do *excursus* contém o que os autores de Tübingen-Milão chamam de "o sentido fundamental" de todos os *autotestemunhos* de Platão[93]. É aqui que com maior clareza o filósofo evidencia a necessidade de que natureza de *quem* procura e natureza *do que* se procura tenham a máxima afinidade e semelhança. Só os melhores homens, dotados de almas adequadas, podem conhecer aquilo que em si mesmo é melhor e de boa natureza, depois de longo exercício e de repetidos colóquios orais. Como vimos no *Fedro* (274b-275d), só a palavra viva e animada ensina verdadeiramente e de maneira eficaz enquanto que o escrito, no limite, pode ser aproveitado como recurso à memória daquele que já conhece o conteúdo sobre o qual ele versa; vimos também, ademais, que o escrito para Platão não

---

92. *Carta VII*, 344d.
93. REALE, G. *Op. Cit.* p. 71.

só não garante uma assimilação e uma apreensão adequadas do que existe de mais sério e importante, como também torna público um certo tipo de conhecimento que, em decorrência da sua complexa formulação, ou pode ser apreendido erroneamente ou pode ser falsamente assumido como coisa bem compreendida. Eis o longo e fundamental trecho da *Carta VII*:

> De fato, há um raciocínio válido contra aqueles que ousam escrever algo sobre tais coisas, um raciocínio que foi exposto por mim várias vezes no passado, mas que, me parece, deve ser repetido ainda agora.
>
> Para cada um dos seres, há três coisas mediante as quais se chega ao conhecimento (*epistéme*) – a quarta é o próprio conhecimento, enquanto que o quinto se deve pôr isto que é objeto de conhecimento e que é verdadeiramente ser (*pémpton d'autò tithénai deí hó dè gnostón te kaì alethós estin ón*). A primeira dessas coisas é o nome (*ónoma*), a segunda é a definição (*lógos*), a terceira é a imagem (*eídolon*), a quarta é o conhecimento (*epistéme*). Toma um exemplo, se queres entender isto que digo, e, depois, raciocina de igual modo para todas as outras coisas. Há uma coisa que é chamada círculo, cujo nome é exatamente este que acabamos de dizer. A segunda coisa é a definição dele, que é constituída de nomes e verbos (*ex onomáton kaì hemáton*): "isto que tem os extremos eqüidistantes de um ponto dito centro", eis a definição disto que tem nome – "redondo", "círculo", "circunferência". A terceira coisa é aquela que se desenha e se apaga, que se constrói com o compasso e que perece; mas de todas essas afecções, nenhuma afeta o círculo propriamente dito – ao qual, também, elas se referem, sendo ele um outro tipo de ser (*héteron ón*). A quarta coisa é o conhecimento (*epistéme*), a intuição intelectual, a verdadeira opinião acerca das coisas (*noûs alethés te dóxa perí taût'estín*), e elas devem ser consideradas uma única coisa porque não residem nem em sons nem em figuras corpóreas, mas nas almas – pelo que é evidente que o conhecimento é algo diverso da natureza

do círculo e das três coisas supracitadas. Destas quatro coisas, a mais próxima por afinidade e por semelhança à quinta é a intuição intelectual; as outras, ao invés, muito se distanciam (...): se não são compreendidas, de um modo ou de outro, as quatro primeiras coisas, não se poderá jamais ter um completo conhecimento da quinta. Ademais, as primeiras quatro coisas exprimem mais a qualidade do que a essência de cada coisa, por causa da fraqueza dos discursos (*dià tò tôn lógon asthenés*); por este motivo, ninguém com juízo ousará confiar os próprios pensamentos ao meio dos discursos, sobretudo um meio imóvel, como exatamente acontece nos discursos fixados por meio de caracteres escritos (*páschei tà gegramména týpois*) (...).

Cada círculo daqueles desenhados ou construídos com o compasso é pleno disso que é contrário à quinta coisa, pois neles, cada ponto toca a linha reta, enquanto que o círculo propriamente dito, como afirmamos, não tem em si nem pouco nem muito da natureza contrária. No que concerne aos nomes, dizemos que nenhum deles tem nada de estável, e que nada impede que as coisas agora chamadas redondas venham a ser chamadas retas e que as retas venham a ser chamadas redondas, e que as coisas não seriam menos estáveis para aqueles mudassem os nomes, chamando-os de modo contrário. O mesmo discurso vale para a definição, tal como composta por nomes e verbos: ela não possui nada que seja suficiente e seguramente estável. Uma grande quantidade de discursos poderia ser feita sobre cada uma daquelas quatro coisas, mostrando como são obscuras; mas o discurso principal é aquele que já fizemos acima, ou seja, que havendo duas coisas, o ser (a essência, *toû óntos*) e a qualidade (*toû poioû*), enquanto a alma tenta conhecer a essência e não a qualidade, cada uma daquelas quatro coisas lhe apresenta, com a palavra e com os fatos, o que a alma não busca, apresentando sempre, cada uma, o que é dito e demonstrado como facilmente refutável pelas sensações (*aisthésis*), e enche todo homem de problemas e de obscuridade, por assim dizer, total.

CAPÍTULO II

Ora, no que diz respeito àquelas coisas, por uma má formação, não estamos sequer habituados a procurar o verdadeiro e nos bastam as imagens que nos oferecem (...) e podemos nos perder e refutar as quatro coisas; mas, naqueles casos em que nos obrigamos a responder sobre a quinta coisa e a manifestá-la, qualquer um que domine a arte da refutação, se quer, vence, e faz com que quem exponha uma doutrina em discursos ou escritos (...) pareça estar, para a maior parte daqueles que o escutam, na condição de quem não sabe nada das coisas sobre as quais procura escrever ou falar, pois eles, às vezes, ignoram que não é a alma de quem escreve ou fala que é refutada, mas, isso sim, a natureza de cada uma daquelas quatro coisas, que é frágil. Mas a passagem através de todas essas coisas, procedendo para o alto e para baixo para cada uma delas (...), gera o conhecimento disto que tem boa natureza em quem tem boa natureza (*eû pephykótos eû pephykóti*). Se, diversamente disso, tem uma natureza ruim, como é a condição na qual se encontra a alma dos muitos (*hos he tôn pollôn héxis tês psychês*) (...), nem mesmo Linceo saberia dar a vista a homens deste gênero. Em poucas palavras, quem não tem natureza afim à das coisas (*tòn mé sungené toû prágmatos*) não a receberia nem da facilidade de aprender nem da memória — de fato, isso não se pode gerar em naturezas estranhas —, de modo que os que não são de natureza semelhante e não são afins com as coisas que são justas e com as outras coisas que são belas, mesmo se alguns para algumas coisas e outros para outras têm facilidade de aprender de memória, e mesmo os que são de natureza afim e não têm facilidade de aprender de memória, todos esses jamais poderão conhecer a verdade sobre a virtude e sobre o vício enquanto é possível. De fato, essas duas coisas são aprendidas necessariamente juntas e juntos se aprendem o falso e o verdadeiro que concernem a toda a realidade, depois de uma total aplicação e depois de muito tempo, como disse no início: espremendo essas coisas, ou seja, nomes, definições, visões e sensações, umas com as outras, e pondo-as a prova em refutações benévolas e experimentadas em discussões feitas sem inveja, resplende subitamente o conhecimento de cada coisa e a intuição do intelecto, para quem realize o máximo esforço possível à capacidade humana. Portanto, todo homem sério (*anèr spoudaîos*) evita escrever coisas sérias para não abandoná-las à aversão e à incapacidade de compreensão dos homens. Em suma, de tudo isso se deve concluir que, ao vermos obras escritas de alguém, sejam leis de legisladores ou escritos de outro tipo, as coisas escritas não eram para tal autor as mais sérias (*spoudaiótata*) sendo ele sério, pois essas estarão depositadas na parte mais bela dele (*en chórai têi kallístei toútou*); ao contrário, se consigna por escrito os pensamentos que são para ele verdadeiramente os mais sérios, "então certamente" não os deuses, mas os mortais "fizeram-no perder o juízo".[94]

Na parte conclusiva de sua exposição filosófica da *Carta VII* (344e-345c), Platão expõe as razões pelas quais alguém se disporia a escrever sobre as coisas que julga serem as mais sérias. Para ele, se Dionísio ou qualquer outro escreveu alguma coisa sobre os "princípios supremos da realidade", o fez por desrespeito ou para expô-los a um público inadequado e despreparado. Ademais, diz Platão, se escreveu sobre aqueles *princípios*, não o fez para dispor de recurso *hipomnemático* – pois uma vez que estejam bem gravados na alma, se reduzem a brevíssimas proposições – e deve tê-lo feito por ambições pessoais, seja para apresentá-los como coisa sua, seja para gozar da fama de partícipe de um ensino filosófico do qual, aliás, não se mostra digno. Se Dionísio se aventurou a escrever sobre os *princípios supremos da realidade*, o fez por despreparo e, talvez, por ter em pequena conta um discurso sobre eles.

A clareza do *autotestemunho* da *Carta VII*, somado àqueles extraídos do *Fedro*, nos oferece uma imagem da filosofia de Platão

---

94. *Carta VII*, 342a – 344d.

significativamente diversa — porém não contrária — daquela que formulamos exclusivamente com a leitura dos diálogos. E a razão disso parece nos ser dada pelo próprio filósofo: os seus textos não contêm aquilo que, para ele, são as coisas mais sérias e importantes. Além disso, uma atenta leitura desse trecho final do *excursus* filosófico da *Carta VII* sugere uma solução para um ponto nevrálgico da nova interpretação: é possível conjecturar — ainda que não afirmar com certeza — que os discípulos de Platão, de acordo com o testemunho do próprio mestre, devam ser incluídos entre aqueles que entenderam bem as suas lições orais. De modo geral, portanto, aquelas palavras podem ventilar pelo menos duas possibilidades: i) Platão inspirou-se na sua própria experiência como mestre para assentar seu instrumental pedagógico e o modo de comunicação filosófica que considerava mais eficaz e ii) o juízo que ele parece fazer dos discípulos pode revestir a *tradição indireta* de uma autoridade filosófica e de uma legitimidade histórica sobremaneira significativas[95]. Observe-se, aliás, que em 341b, Platão diz que "não conhecem nem mesmo a si próprios" aqueles que escreveram sobre *as maiores coisas* sem compreender nada sobre elas, mas que, como diz Reale, "entre os que não compreenderam nada dessas coisas [i.é. *as maiores*] não devem ser incluídos absolutamente os seus discípulos", e isso, ao que tudo indica, segundo o próprio Platão[96]. Tal possibilidade sugere uma credibilidade e importância filosófica da *tradição indireta* — em especial das informações prestadas pelos discípulos diretos do ateniense — para uma reconstrução da filosofia platônica, assim como deixa entrever a impossibilidade de deixá-la de parte, como um conteúdo negligenciável ou de efeitos filosóficos supostamente limitados. Se Platão tinha mesmo os seus discípulos

---

95. KRÄMER, H. *Op. Cit.* p. 104.
96. REALE, G. *Op. Cit.* p. 78.

na conta de bons juízes, isto pode levar a considerá-los boas fontes históricas daquele conteúdo da filosofia do mestre que, não fosse de alguma forma registrado, talvez tivesse sido total e irreparavelmente perdido poucas gerações depois da morte do filósofo. Eis a conclusão do *autotestemunho*:

> Quem me seguiu nesta digressão, compreenderá bem que, se Dionísio escreveu algo sobre os princípios primeiros e supremos da realidade (*égrapsen ti tôn perì phýseos ákron kaì próton*), ou se o fez qualquer um inferior ou superior a ele, não pode ter aprendido nem escutado de mim alguma coisa de claro sobre as coisas que escreveu, como penso; de outro modo, não teria ousado expô-las a um público despreparado e inadequado.
>
> De fato, não escreveu para ter recursos para a memória – pois não há perigo de esquecê-las, uma vez que tenham sido bem gravadas na alma, dado que se reduzem a coisas brevíssimas (*brachytatois*) – e, se o fez, o fez por desprezível ambição, seja que as tenha apresentada como suas, seja como seguidor de um ensinamento filosófico, do qual não era digno, na medida em que isto que ele amava era a fama que nasce ao fazer parte dele. Se Dionísio conseguiu fazer isso tendo tido comigo apenas uma conversação, o fez muito cedo; mas de que maneira isto pôde acontecer, "Zeus o sabe", como dizem os Tebanos, pois, como disse, eu a expus uma única vez e depois nunca mais.
>
> Quem, pois, quisesse saber como verdadeiramente se deram os fatos, deve entender por qual motivo não tivemos uma segunda, uma terceira e um número ulterior de conversações. Dionísio, depois de ter escutado apenas uma minha conversação, julgava sabê-la o suficiente, seja por ter encontrado a verdade sozinho, seja por tê-la aprendido antes dos outros? Ou julgava as coisas que eu dizia como coisa sem importância? Ou, terceira possibilidade, talvez não fossem convenientes para ele, mas superiores a ele, e considerava não ser capaz de conduzir uma vida de sabedoria e de excelência? Ora, se ele

as considerava sem importância, então se deverá contrastar com muitos outros testemunhos (*polloîs mártysi macheítai*) que sustentam o contrário e que sobre tais coisas poderiam ser juizes muito mais autorizados que Dionísio (*pámpoly Dionysíou kyrióteroi àn eíen kritaí*). Se, ao contrário, julgou tê-las descoberto ou aprendido – e então considerava que tivessem valor para a formação de uma alma livre –, então, por que, a não ser que seja um homem bem estranho, desprezou tão rapidamente a orientação e o mestre destas coisas?[97]

Considerações finais sobre os autotestemunhos da Carta VII

O *excursus* filosófico da *Carta VII* parece conter a opinião platônica sobre a fragilidade dos discursos (*lógoi*) filosóficos[98].

Neste texto, mais do que em qualquer outro atribuído a ele, Platão expõe com clareza e objetividade não só a sua desconfiança com relação à escrita em geral, mas também a um certo tipo de discurso mantido no âmbito da oralidade concebido em desacordo com os pressupostos pedagógicos necessários para a apreensão da verdade. Com efeito, se a fragilidade do escrito está na sua rigidez comunicativa, isto é, na sua incapacidade de responder ativa e vivamente às críticas que lhe são feitas[99], a do discurso oral, por sua vez, se encontra não nele mesmo, mas na natureza daquele que o escuta e no modo em que é construído. Desse modo, ainda que Platão considere o discurso oral como um meio superior de comunicação filosófica – e que o escrito seja tão-somente uma cópia dele[100] – é preciso que a complexidade

---

97. *Carta VII*, 344e – 345c.
98. *Carta VII*, 343a.
99. *Fedro*, 275d – 276a.
100. *Fedro*, 276a.

que ele comporta seja proporcional à da excelência da alma do interlocutor para o qual se dirige. O verdadeiro filósofo-dialético sabe lançar mão das *timiótera* quando percebe que a natureza de quem escuta permite esse movimento, da mesma forma em que sabe calar-se ao distinguir diante de si uma natureza débil e pouco capaz. As *timiótera*, portanto, não devem ser utilizadas em *qualquer* situação e para *qualquer* pessoa, mesmo que o correto entendimento do escrito esteja em perigo. Assim fosse, o filósofo poderia fazer daquilo que, enquanto tal, deve ser um autêntico socorro em mais um conteúdo obscuro a ser "artificialmente" refutado porque mal compreendido. É fundamental, então, que uma das prerrogativas de "quem sabe" (*ho eidós*) seja discernir o *kairós*, isto é, o momento exato de se dizer o conteúdo adequado a uma alma preparada. Só assim as *timiótera* podem ser, de fato, uma fonte de socorro para a rigidez e a fragilidade do discurso escrito.

> Há um pano de fundo que unifica os autotestemunhos do Fedro e da Carta VII?

É preciso associar o conteúdo da parte conclusiva do *Fedro* com o *excursus* da *Carta VII* para que tenhamos um quadro geral da crítica platônica à escrita e da sua teoria acerca da eficácia do discurso filosófico. Pelo que vimos, no *Fedro*, Platão atribui à escrita um caráter meramente mnemônico, um instrumento que – não obstante sua importância – não deve ser utilizado para as coisas mais importantes. Tal como diz Krämer, o escrito, segundo Platão, não pode responder mais do que apenas uma fração das questões que surgem no leitor – que diante do texto é mera testemunha e não um interlocutor ativo e, mesmo em forma dialógica, não substitui o longo treinamento destinado ao verdadeiro filósofo e pode produzir resultados em tudo diversos daqueles originalmente concebidos pelo seu autor, seja por má interpretação de uma alma não adequada, seja pela arrogância do leitor que pensa ter compreendido o que absolutamente não compreendeu[101]. Não por outro motivo o filósofo é o primeiro a admitir a fragilidade do texto escrito e de guardar para os procedimentos da dialética mantida no âmbito da oralidade o que possui de maior e mais importante.

Na *Carta VII*, por sua vez, Platão parece assumir exatamente a condição do filósofo, tal como definido no *Fedro*, admitindo não ter escrito sobre o que considerou mais importante – os princípios supremos da realidade – e censurando quem, eventualmente, o fez em seu nome.

O *intreccio* entre *Fedro* e *Carta VII* – amparado ainda pelos testemunhos da *tradição indireta* – parece-nos sobremaneira harmônico e sólido. Os schleiermacherianos tentam enfraquecer a força da relação entre os autotestemunhos, tentando encontrar numa leitura orgânica dos textos – tanto do *Fedro* quanto da *Carta VII* – elementos que relativizem as afirmações de Platão. De alguma forma, dizem, o contexto dramático, a escolha dos personagens – no caso do *Fedro* – ou do momento político-social e dos destinatários – no caso da *Carta VII* – devem diminuir a intensidade da crítica platônica à escrita e da formulação da sua teoria da aprendizagem filosófica[102]. No entanto, pelo menos até agora, os seguidores do critério tradicional de interpretação não formularam de modo mais objetivo e bem fundamentado – a partir de uma a análise dos textos de Platão – os elementos daquela suposição, enquanto que os trabalhos de *Tübingen-Milão* demonstram que a adoção de uma metodologia sistemático--complexiva muito pouco ou nada acrescenta ao conteúdo que

---

101. KRÄMER, H. *Op. Cit.* p. 38.
102. KRÄMER, H. *Op. Cit.* pp. 100-107; TRABATTONI, F. *Op. Cit.* pp. 103-182.

ora apresentamos acerca da censura platônica ao escrito[103]. Não propugno, obviamente, uma abordagem disjuntiva do *Fedro* ou a ideia de considerá-lo a partir de uma disposição temática meramente rapsódica – admitido, aliás, que exatamente nesse diálogo impõe-se a exigência platônica de composição orgânica do escrito[104] –, muito menos de desconsiderar elementos exteriores ao *excursus* filosófico da *Carta VII*. Contudo, por fim, não tenho motivos para crer que a aceitação plena dos autotestemunhos contidos naqueles textos inviabilizem uma leitura global do diálogo ou que esteja em contradição com ela[105].

São "secretas" as *ágrapha dógmata*?

Antes de passar ao próximo capítulo do livro, gostaria de fazer mais algumas considerações sobre o que parecem ter sido os motivos de Platão ter deixado para a oralidade a parte mais importante da sua filosofia. Como bem observa Thomas Szlezák, para nós, homens de hoje, parece absurda a ideia de termos escondidas as nossas descobertas mais importantes. As exigências do mercado, a competitividade instalada entre colegas ou a simples vontade de difundir uma notícia que possa fazer bem a todos que por ela se interessem nos leva sempre a uma pressa e a uma vontade incontida de publicização imediata de tudo aquilo que produzimos de melhor. Por isso, parece-nos estranho que alguém, sem nenhuma pressão exterior, *prefira* manter escondidas as coisas que considera mais importantes.

---

103. *Id.* pp. 103-159.
104. *Fedro*, 264b-c.
105. Sobre a unicidade orgânica do *Fedro*, ver o estudo de DERRIDA, J. *A farmácia de Platão*. São Paulo: Iluminuras, 1991. Ver também o belíssimo comentário sobre o *Fedro* em JAEGER, W. *Paidéia: A Formação do Homem Grego*. São Paulo: Martins Fontes, 1995, pp. 1253-1273.

Nas palavras de Szlezák, "nos parece inimaginável que uma pessoa, até mesmo uma pessoa importante, que participe de um discurso espiritual, não possa considerar como um bem a comunicação a todos os homens daquilo que, para ele, é a cosa mais séria"[106]. Entretanto, ao contrário do que a primeira vista poder-se-ia pensar, o fato de Platão preferir manter aquilo que sua filosofia possui de mais importante num círculo restrito de pessoas não parece se dever a uma estratégia mesquinha ou a uma preocupação política de manter "secretas" as lições doutrinais. O sentimento que move Platão não deve lembrar em nada, por exemplo, aquele que moveu os primeiros Pitagóricos. Pelo que se sabe, os membros daquele grupo mantinham em segredo certas doutrinas e ritos iniciáticos que não só criavam uma identidade comum entre eles mas que também visavam a manutenção de um tipo de saber em vista do poder político. Àquele que ousava publicizar o conteúdo tratado nas reuniões secretas, a expulsão da comunidade e, por via de consequência, a morte simbólica. No caso dos Pitagóricos, então, a necessidade de se manter secreto um conhecimento particular decorria de uma postura estratégico-política de cada um dos membros daquele círculo que, pelo que tudo indica, garantia dessa forma a sua influência e o respeito público[107]. Diferentemente disso, como vimos, Platão não tratou o tirano Dionísio – ou qualquer outro que porventura tenha escrito sobre o que para ele era o mais importante – como

---

106. SZLEZÁK, Th.A. *Op. Cit.* p. 74.
107. Essa convicção parece estar em pleno acordo com a opinião de Schleiermacher quando diz que: "(...) no caso dos primeiros pitagóricos (...) eram chamados de esotéricos aqueles temas sobre os quais não queriam que seus membros falassem fora dos limites de suas relações mais íntimas; é de se supor que o seu sistema político preenchia muito mais o lugar do esotérico do que suas especulações metafísicas que eram tão incompletas quanto insuspeitas". SCHLEIERMACHER, F. D. *Introdução aos diálogos de Platão.* Belo Horizonte: UFMG, 2002, p. 36.

um traidor de uma seita ou grupo iniciático (ao menos até onde posso afirmar com segurança). A leitura da *Carta VII* evidencia, no máximo, uma certa mágoa com alguém que não teve o devido respeito com aquilo que o mestre considerava com muita seriedade e preferia manter como saber esotérico. Platão chega mesmo a mencionar alguma qualidade intelectual de Dionísio (338d) e suas palavras não parecem ser as de um escolarca furioso com o ex-discípulo que acabara de profanar um saber secreto (o que seria bastante natural se o que estivesse em jogo ali fosse, de fato, um "saber secreto"). Supomos que o tom de reprovação à atitude de Dionísio decorra simplesmente de ele ter tentado tornar público um conteúdo que, pelas dificuldades que suscita, poderia ser mal interpretado e desprezado por mãos despreparadas e não porque aquele saber pudesse conferir ao seu detentor poderes políticos ou privilégios públicos de qualquer natureza. Dessa forma, tal como as apresenta Szlezák, as diferenças existentes entre um saber secreto (de tipo Pitagórico) e um esotérico (de Platão) são as seguintes:

a) O saber secreto se apoia sobre o sentimento de obrigação e a sua transgressão provoca as mais diversas sanções. A obrigação assumida nos ritos iniciáticos restringe a liberdade de quem, como membro do grupo, participa do saber privilegiado e o fato de manter secreto um certo tipo de conhecimento tem o escopo de fortalecer e manter a união dos membros componentes da liga;

b) O saber esotérico não se funda na restrição, mas no conhecimento. A liberdade de quem compartilha de um saber esotérico não é eliminada, mas é convidada a manifestar-se na justa medida. À "transgressão" do discípulo não se seguem sanções, mas a desconsideração moral do mestre para com ele. O saber esotérico não visa a manutenção de uma sede de poder, mas é um fim em si mesmo. O *esotérico* é orientado ao objeto e o *secreto* ao poder. [108]

Diante do exposto, talvez se possa mesmo examinar com desconfiança a leitura de Trabattoni concernente ao estatuto que o termo "esotérico" tem para *Tübingen-Milão*. Para ele, os expoentes dessa escola "perceberam que esse termo podia suscitar equívocos desagradáveis" porque, assumir uma tradição esotérica em Platão poderia sugerir uma "superação no místico", isto é, "uma condição de efetiva indizibilidade" de parte da sua filosofia[109]. Parece, entretanto, que o esoterismo platônico põe de parte aquela noção de "esoterismo místico" aduzida de uma concepção iniciática do saber adotada por Trabattoni. Gaiser, por exemplo, diz que não se deve entender [o esotérico em Platão] como uma *segretezza artificiosa*, a qual se pode encontrar em conventículos de culto religioso ou em ligas sectárias e em grupos de elite[110]. Por isso, ao contrário do que pretende Trabattoni[111], a expressão "doutrinas intra-acadêmicas" (*innerakademische*) cunhada pelos tubingueses nada mais parece ser do que um simples sinônimo – sem maiores consequências axiológicas – de "doutrinas não-escritas" (dado que pareciam ser reservadas para o íntimo recesso das lições acadêmicas).

---

108. SZLEZÁK, Th. A. *Op. Cit.* pp. 484-485 (ver também a análise do caso emblemático do ex-pitagórico Hipparco feita por Szlezák nas mesmas páginas).
109. TRABATTONI, F. *Op. Cit.* p. 31.
110. AISER, K. *La metafisica della storia in Platone*. Milano: Vita e Pensiero, 1992, p. 192.
111. TRABATTONI, F. *Op. Cit.* p. 31.

CAPÍTULO III

A TRADIÇÃO INDIRETA E OS PRINCÍPIOS SUPREMOS DE PLATÃO

> Sobre as dificuldades inauguradas
> pela tradição indireta

Em 1963 Konrad Gaiser tornou-se o primeiro estudioso a recolher e sistematizar os diversos testemunhos sobre as lições doutrinais de Platão[112]. Depois dele, Krämer e Reale se encarregaram de publicar a coleção daqueles testemunhos numa edição bilíngue (grego - italiano) com uma série de acréscimos, revisões e recortes, na forma de apêndice à obra que talvez represente a principal contribuição de Hans Krämer ao Novo Paradigma de Platão[113]. Mais tarde, por fim, Margherita Isnardi Parente, principal representante do atual grupo de estudiosos que se opõem ao Novo Paradigma e seguidora dos preceitos hermenêuticos originalmente enunciados por Cherniss, completou, com sua versão dos *testimonia* – com orientação em tudo diversa daquela

---

112. GAISER, K. *Platons ungeschriebene Lehre*. Stuttgart, 1963; *Anhang: Testimonia Platonica. Quellentexte zur Schule und mündlichen Lehre Platons*, pp. 441-557 (tradução para o italiano: *Testimonia Platonica. Le antiche testimonianze sulle dottrine non scritte di Platone*. Introduzione e impostazione grafico-tipografica di G. Reale. Traduzione, indice e revisione dei testi di V. Cicero, 1998).
113. KRÄMER, H. *Platone e i fondamenti della metafisica*. Milano: Vita e Pensiero, 2001.

preconizada por *Tübingen-Milão*[114] – a lista do que talvez sejam as três mais importantes publicações dedicadas ao tema da doxografia platônica. Não obstante o empenho laborioso de cada um daqueles estudiosos, entretanto, o enfrentamento de qualquer um desses três catálogos de notícias referentes a um Platão não-escrito deve causar no leitor a certeza de estar lidando com coisa muitíssimo complexa, impossível de ser esgotada – ou devidamente problematizada – numa pesquisa que não se dedique integralmente a ela. Trata-se de um complexo literário composto por expressiva diversidade de autores sujeitos a um sem-número de influências culturais, históricas e filosóficas difíceis de serem rastreadas e sistematizadas e que, a nosso ver, ainda não foi consignado num sistema lógico totalmente coerente e suficientemente harmônico. A bem da verdade, ainda que diferentes entre si, as publicações da *escola de Tübingen-Milão*, a de Krämer mais que a de Gaiser, acabam por colocar num só arcabouço generalizante todos aqueles testemunhos, com pouquíssimo ou nenhum cuidado no trato com a numerosa e altamente significativa pluralidade histórico-teorética que permeia a sua composição, enquanto que Isnardi Parente parece se exceder *chernissianamente* na tentativa de desautorizar a maior parte dos *testimonia* e dos seus autores a fim de negar-lhes qualquer efeito sobre a obra de Platão[115]. A *tradição indireta* de Platão, e a isso já acenamos, é composta por

---

114. PARENTE, Margherita Isnardi. *Testimonia Platonica I*. In: *Memorie dell'Accademia Nazionale dei Lincei*. Classe di scienze morali, storiche e filologiche, serie IX, vol, X, fascicolo 4, 1997. Há também uma edição francesa da *tradição indireta* de Richard M.D. *L'enseignement oral de Platon: Una nouvelle interprétation du platonisme*. Paris: Les Éditions du Cerf, 1986.
115. PARENTE, M. I. *Criteri e metodi per una nuova raccolta delle testimonianze sugli* "AGRAPHA PLATONICA". Rivista di storia della filosofia. Nº 1, Anno L, Nuova Serie, 1995, p. 79. É preciso dizer, entretanto, que sua acuidade analítica colaborou de forma decisiva para uma nossa saudável desconfiança diante de informações tão difíceis de interpretar.

pensadores e comentadores que vão do próprio Aristóteles e de pensadores contemporâneos a ele (como Hermodoro), passando por discípulos e comentadores do Estagirita (como Aristóxeno, Alexandre de Afrodísia e Teofrasto), até filósofos tardo-antigos (como Sexto Empírico). Logo, não é arriscado deduzir que uma compilação acrítica desse material pode facilmente nos levar a leituras equivocadas e, por via de consequência, a conclusões distorcidas e pouco críveis, seja sobre a filosofia de Platão, seja sobre o pensamento dos próprios autores (o que deve exigir do estudioso uma correta avaliação de todas as variáveis que permeiam aqueles testemunhos para que eles não se tornem, como disse Isnardi Parente, "um complexo e articulado sistema dedutivístico" permeado por um tipo de harmonia meramente "destinada a criar certezas dogmáticas"[116]). A bem da verdade, entretanto, não temos condições de enfrentar uma tarefa de tais dimensões nessa sede e nesse momento. Ela exige do pesquisador tanto um vasto e profundo conhecimento da história da filosofia num lapso de tempo considerável quanto uma experiência resultante de uma longa frequentação dos textos dos autores que compõem o catálogo dos *testimonia* – prerrogativas que decerto ainda nos faltam. Diante de um quadro assim tão intrincado, então, resolvi nos poupar da apresentação sistemática de todos os textos que compõem a *tradição indireta* e optei tão-somente pela remissão aos relatos que reputamos indispensáveis para uma razoável compreensão do que talvez seja o *Platão não-escrito*.

---

116. *Id*. p. 74. Há notícias de que o próprio Gaiser chegou a projetar uma nova edição completa da *tradição indireta* de Platão, com amplo e rico aparato crítico – edição que seria publicada na coleção "Supplementum Platonicum" fundada por ele mesmo. Infelizmente, entretanto, sua morte prematura o impediu de concluir o trabalho. KRÄMER, H. *L'opera di Konrad Gaiser "La dottrina non scritta di Platone" e la sua collocazione all'interno della Scuola di Studi Platonici di Tubinga*. In GAISER, K. *La dottrina non scritta di Platone*. Milano: Vita e Pensiero, 1994, p. XVI.

Agora vocês terão que ralar! Vamos tentar compreender o que a tradição indireta deixou sobre a minha obra.

CAPÍTULO III

Por serem de fato paradigmáticos nesse caso, além de historicamente menos vulneráveis e mais dignos de crédito – mas nem por isso menos problemáticos –, acionarei com maior frequência as notícias de Aristóteles e reservarei as informações de alguns dos outros autores para o balizamento de questões mais polêmicas – e, por via de consequência, pelo reforço que talvez representem às notícias aristotélicas – e para o que pode ser considerada uma brevíssima divulgação do percurso daquela tradição na fortuna crítica posterior[117]. Creio que uma tal estratégia nos afasta de um inoportuno enfrentamento direto com os problemas mais sérios concernentes aos testemunhos e nos permite continuar trabalhando com uma margem de segurança, a nosso ver, razoável para os padrões da pesquisa voltada para textos da Antiguidade grega clássica. Antes de passar a alguns dos textos da *tradição indireta*, porém, é preciso fazer duas breves advertências de ordem metodológico-programática. Em primeiro lugar, sabe-se que com uma certa frequência Aristóteles utiliza as categorias filosóficas de outros pensadores em função do modo como pretende expor as suas próprias; assim, a exigência de fazer uso dos seus testemunhos doxográficos expõe imediatamente uma série de problemas não pouco significativos. É que diante de tais testemunhos, somos forçados a redobrar nossos cuidados para que se possa tentar reconhecer o que neles existe de conteúdo historicamente objetivo e o que é tão-somente um véu de subjetividade interpretativa proposta por Aristóteles, ou seja, nos vemos obrigados a operar uma distinção entre o Aristóteles divulgador e o Aristóteles crítico-intérprete das obras

---

117. Compartilho da opinião de M.I. Parente, segundo a qual "os testemunhos tardios se apoiam sobre aqueles de Aristóteles e têm um valor secundário" e que "no seu conjunto, os testemunhos tardios (...) são distintos dos testemunhos historicamente primários e próximos a Platão". PARENTE, M. I. *Op. Cit.* pp. 80-81.

e do pensamento dos que o precederam. Sinceramente, como já visto, não creio que seja o caso de se afirmar que Aristóteles seja um inventor de doutrinas alheias, como quer Cherniss, por exemplo[118]. Para ele, a *Metafísica* do Estagirita é um compilado de informações equivocadas, extraídas, quase todas, de uma interpretação muito pessoal e indevida dos diálogos do mestre e, por isso mesmo, absolutamente não confiável[119]. Nas palavras de Cherniss:

> (...) o fio de uma específica referência de Aristóteles às "opiniões não-escritas" de Platão conduz para bem longe da filosofia sistemática que supõe ter sido ensinada oralmente por Platão na Academia; ele conduz, ao contrário, à conclusão de que um dos dois primeiros princípios daquele hipotético sistema [Díade] Aristóteles o extraiu justamente dos diálogos, mediante sua interpretação pessoal e polêmica.[120]

---

118. CHERNISS, H. *The Riddle of the Early Academy*, Berkeley-Los Angeles, 1945, traduzida para o italiano por L. Ferrero: *L'enigma dell'accademia antica*, Florença, 1974 (da qual citei). Sobre a desconfiança dos críticos com relação a Aristóteles, Reale diz: "(...) é evidente que quem acusa um pensador da inteligência filosófica de Aristóteles, tendo vivido por duas décadas ao lado de Platão e atuado com ele no âmbito da Academia, de ter feito o mestre dizer coisas que ele absolutamente não disse, e de tê-lo sistematicamente mal-entendido e desviado, *acusa, obviamente, não Aristóteles, mas a si mesmo de ser péssimo intérprete*, ou seja, denuncia a inadequação do método com o qual o relê e o interpreta." REALE, G. *Ensaio introdutório à Metafísica de Aristóteles*. Tradução de Marcelo Perine. São Paulo: Ed. Loyola, 2001, p. 167.
119. A desconfiança de Cherniss com relação às informações históricas prestadas por Aristóteles teve como primeiro resultado um volume publicado em 1935 chamado *Aristotle's criticism of presocratic philosophy* no qual ele tenta elencar passagens nas quais Aristóteles teria deformado o pensamento daqueles que o antecederam. Como se pode deduzir, o mesmo foi feito mais tarde com o Platão de Aristóteles (*Aristotle's criticism of Plato and the Academy*, Baltimore, 1944).
120. CHERNISS, H. *L'enigma dell'accademia antica*, Florença, 1974, pp. 9 ss. Ver também REALE, G. *Op. Cit.* pp. 157-162.

CAPÍTULO III

A proposta que Cherniss oferece para acabar com todo mal-entendido causado pelas exegeses de Aristóteles é radical: aceitar como legítimas tão-somente as partes da *Metafísica* que se harmonizem com aquilo que está claramente consignado nos escritos de Platão, desconsiderando todo o resto[121]. Parece-me, entretanto, que os seus argumentos são de fato incapazes de demonstrar que as doutrinas sobre as quais Aristóteles imprimiu a forma que melhor lhe conveio – de acordo com uma apropriação não apenas histórica, mas também teorética – não sejam concebidas sobre bases imperativamente objetivas. A pretexto de salvar a absoluta autonomia dos diálogos de Platão – não apenas a dramático-literária (o que aceitamos), mas também a filosófica (o que tendemos a não aceitar) –, Cherniss acabou enxergando em Aristóteles meramente um intérprete não-confiável – e, por via de consequência, em grande medida dispensável – da filosofia do mestre. Talvez seja mesmo necessário e justo que se discuta até que ponto Aristóteles omitiu ou realçou elementos dessa ou daquela filosofia que lhe veio às mãos, contudo, suspeitar da sua idoneidade enquanto fonte autorizada de parte significativa da história do pensamento ocidental, julgando que tenha se prestado a sobrepor conteúdos originalmente inexistentes à doutrina de outros filósofos, parece-nos, até que se prove o contrário, muitíssimo arriscado e improvável. Ao invés de insistir em tais acusações, analisarei os testemunhos aristotélicos com o cuidado que me é possível, buscando compreender a trama dos argumentos movidos contra os conceitos platônicos e, mais especificamente, tentando reconstituir de modo claro os argumentos (supostamente válidos, do ponto de vista lógico)

---

121. CHERNISS, H. *Op. Cit.* p. 34.

nos quais Aristóteles supostamente apresenta os mencionados *princípios supremos de toda a realidade* de Platão. Por tudo isso, não tentarei formular respostas às críticas que Aristóteles dirige à filosofia platônica. Aqui, não tenho a intenção de analisar qualquer juízo de valor feito por ele sobre a filosofia de Platão, seja ela *exo* ou *esotérica* e, por conseguinte, me deterei apenas naquele conteúdo objetivo que julgo estar por detrás das suas interpretações, à revelia dos seus próprios cânones filosóficos. Espero, por fim, que com essa breve *arqueologia hermenêutica* eu possa atinar de forma satisfatória com o significado dos conceitos básicos das *doutrinas intra-acadêmicas* de Platão e, o que é mais importante, torná-las instrumentos válidos para auxiliar a compreensão do papel do Demiurgo na cosmologia e na física do *Timeu*, bem como da mediação pela qual o Demiurgo configura o mundo sensível a partir de modelos ideais.

    A segunda advertência, por sua vez, decorre de uma objeção não propriamente inesperada e pode ser resumida na seguinte questão: por que Aristóteles julgou correto escrever justamente sobre as *ágrapha dógmata* do mestre se tais doutrinas deveriam permanecer no âmbito da oralidade dialética? Em primeiro lugar, como vimos, a resposta a essa questão já foi em parte enunciada pelo próprio texto da *Carta VII*. Nele, com efeito, Platão não versa sobre a *impossibilidade* de se exprimir por escrito o conteúdo das lições que preferiu manter na esfera da oralidade e que tratavam daquilo que julgava ser mais importante. A bem da verdade, aliás, a força de sua proibição não parece decorrer de uma natureza *não-grafável* das lições intra--acadêmicas mas, isso sim, da convicção de que, registradas por escrito e, por via de consequência, à disposição da maioria dos homens, aquelas lições poderiam ser ou desprezadas – porque não compreendidas – ou pretensamente assimiladas, causando

CAPÍTULO III

arrogância no leitor[122]. Como visto, Platão diz textualmente que, se achasse conveniente fazê-lo, teria ele mesmo composto, do melhor modo possível, escritos sobre aquelas lições e que, além disso, conhecia pessoas também capazes de fazê-lo, muito melhor do que Dionísio[123]. No entanto, ele diz ter preferido não correr os riscos envolvidos em tal tarefa, exatamente porque um texto sobre suas *ágrapha dógmata*, segundo ele, seria útil só àqueles poucos homens capazes de, sozinhos, chegarem às coisas mais importantes. As palavras de Platão, portanto, levam a pensar que *objetiva* e *estruturalmente* um texto sobre as lições doutrinais poderia sim ser redigido – ainda que isso fosse inútil e até mesmo perigoso (por razões ético-didáticas, vale dizer). Além disso, e a esse ponto já aludi, não se pode desprezar a hipótese de que Platão tenha sido um verdadeiro epicentro de uma revolução cultural helênica fortemente marcada pela passagem do predomínio absoluto da oralidade para o progressivo emprego da linguagem escrita[124]. Nesse caso, não é de se estranhar que alguns discípulos do nosso filósofo – à distância razoável tanto do influxo da dialética de Sócrates quanto dos momentos mais conturbados e primevos daquela revolução – possam ter se sentido à vontade o suficiente para favorecer a comunicação escrita em detrimento daquela mantida no restrito âmbito da oralidade. Nessa perspectiva, eis o que diz M. Erler acerca da influência de Aristóteles no fortalecimento da escrita no mundo grego:

---

122. *Carta VII*, 341d – 342a. Ademais, Platão diz, nesse mesmo texto, que "(...) não há perigo que alguém esqueça essas coisas [*tá timiótera*], uma vez que tenham sido bem compreendidas pela alma, pois se reduzem a proposições extremamente breves". (344d – e).
123. *Carta VII*, 345b.
124. HAVELOCK, Eric. *A Revolução da Escrita na Grécia*. São Paulo: Ed. Unesp, 1994.

(...) como pedra angular desse desenvolvimento deve ser visto o discípulo de Platão, Aristóteles. Sua relação com o livro e com a escrita, totalmente diferente da de seu mestre, é desprovida de qualquer problema. Para ele o livro e a escrita são meios úteis para aprender (...). Na mentalidade de Aristóteles, pode-se ver muito bem o início do helenismo, centrado na palavra escrita.[125]

Se tais juízos estiverem corretos, pode-se dizer que foi a relutância – e não a desobediência – dos discípulos frente à advertência de Platão que determinou o fato de não se perder o que talvez seja uma das páginas mais importantes do pensamento ocidental, cujo destino era desaparecer pouco depois de sua gênese.

> A filosofia de Platão à luz dos relatos de Aristóteles e de outros autores da tradição indireta.

O *pano de fundo categorial* e o *conteúdo de base* do que deve ter sido a filosofia não-escrita de Platão são anunciados de forma emblemática numa passagem do sexto capítulo do primeiro livro da *Metafísica* de Aristóteles. Ali, a fim de justificar sua *teoria das quatro causas* e de situá-la com relação aos seus predecessores, o Estagirita se lança ao exame da célebre *teoria das Idéias* de Platão e, ao fazê-lo, oferece ao seu leitor um conteúdo não facilmente detectável na tradição literária do mestre. Rumando para as considerações finais sobre o que filósofos anteriores disseram sobre *causas* e *primeiros princípios*, Aristóteles diz que:

---
125. ERLER, M. *Il senso delle aporie nei dialoghi platonici. Esercizi di avviamento ao pensiero filosofico*. Introduzione di G. Reale, traduzione di C. Marrarelli. Milano: Vita e Pensiero, 1991, p. 118.

CAPÍTULO III

(...) posto que as Formas são causas das outras coisas (*aítia tà eíde toîs állois*), Platão considerou os elementos constitutivos das Formas como os elementos de todos os seres (*stoikeîa pánton*). Como elemento material (*hýle*) das Formas ele punha o grande e o pequeno (*tò méga kaì tò mikròn*), e como causa formal o Uno (*ousían tò hén*): de fato, considerava que as Formas e os números derivassem por participação (*katà métheksin*) do grande e do pequeno no Uno.

(...) Entretanto, é peculiar a Platão o fato de ter posto no lugar do ilimitado entendido como unidade uma díada (*toû apeírou hos henòs dyáda poiésai*), e o fato de ter concebido o ilimitado como derivado do grande e do pequeno (*tò ápeiron ek megálou kaì mikroû*).

(...) O fato de ter posto o Uno e os Números fora das coisas (*parà tà prágmata*), à diferença dos pitagóricos, e também o de ter introduzido as Formas foram as conseqüências da investigação (...) que é própria de Platão, pois os predecessores não conheciam a dialética. Mas o ter posto uma díada como natureza oposta ao Uno tinha em vista derivar facilmente dela, como de uma matriz (*gennástai hósper ék tinos ekmageíou*), todos os números, exceto os primeiros (...).

Do que dissemos, fica claro que ele [Platão] recorreu a apenas duas causas: a formal e a material (*toû tí esti kaì/katà tèn hýlen*). De fato, as Ideias são causas formais das outras coisas e o Uno é causa formal das Ideias (*tà gàr eíde toû tí estin aítia toîs állois, toîs d'eídesi tò hén*). E à pergunta sobre qual é a matéria (*hýle*) que tem a função de substrato (*hypokeiménon*) do qual se predicam as Ideias – no âmbito dos sensíveis –, e do qual se predica o Uno – no âmbito das Ideias –, ele responde que é a díada, isto é, o grande e o pequeno (*tò méga kaì tò mikrón*).

Platão, ademais, atribuiu a causa do bem (*eû*) ao primeiro de seus elementos e a causa do mal (*kakós aitían*) ao outro (...).[126]

Decomposto o texto, eis o que ouvimos de Aristóteles:

N° 1) Platão disse que as Ideias são causas (*aítia*) das outras coisas [seres sensíveis] e que os elementos que constituem as Ideias são os elementos de todos os seres (*stoikeîa pánton*) (987 b 20);

N° 2) como elemento material (*hýle*) das Ideias, Platão colocava o grande-e-o-pequeno (*méga kaì mikrón*) e como causa formal o Uno (*hén*). Ademais, Platão considerava que as Ideias e os números derivassem, por participação (*méteksis*), do Uno e do grande-e-do-pequeno (987 b 23);

N° 3) Platão colocou no lugar do ilimitado (*ápeiron*)[127] – derivado do grande-e-do-pequeno – uma Díada (*dyáda*) (987 b 27);

N° 4) Platão pôs o Uno e os Números fora das coisas (*parà tà prágmata*) e pôs uma Díada como natureza oposta ao *Uno*, pois dela pretendia derivar facilmente, como de uma matriz (*gennástai hósper ék tinos ekmageíou*), todos os números, exceto os primeiros (988 a);

---

126. *Metafísica*, A 6, 987 a 30 a 988 a 15. As versões em português dos trechos da *Metafísica* citados nessa obra resultam da consulta ao texto grego e à tradução de Giovanni Reale estabelecidos em Aristotele *Metafísica*: Saggio introduttivo, testo greco con traduzione a fronte e commentario a cura di Giovanni Reale. Milano: Vita e Pensiero, à tradução para o português do mesmo texto (Aristóteles. *Metafísica*: Ensaio introdutório, texto grego com tradução e comentário de Giovanni Reale. Tradução de Marcelo Perine. São Paulo: Ed. Loyola, 2002.). A versão em português dos outros textos da *tradição indireta* citados aqui, resultam da consulta ao texto grego e à tradução italiana estabelecidos no texto de KRÄMER, H. *Platone e i fondamenti della metafisica*. Milano: Vita e Pensiero, 2001, pp. 335-417 (Appendici).
127. Aristóteles parece estar se referindo ao *ápeiron* dos itálicos. *Metafísica*, A 7, 988 a 25-30.

CAPÍTULO III

N° 5) Platão recorreu apenas a duas causas: a formal (*tí estí*) e a material (*hýle*). Pois as Ideias são causas formais das outras coisas e o Uno é causa formal das Ideias. E à pergunta sobre qual é a matéria que tem a função de substrato (*hypokeiménon*) do qual se predicam as Ideias – no âmbito dos sensíveis –, e do qual se predica o Uno – no âmbito das Ideias –, Platão responde que é a Díada, isto é, o grande-e-o-pequeno (988 a 10-14);

N° 6) Platão atribuiu a causa do Bem (*eû*) ao primeiro de seus elementos [o Uno] e a causa do mal (*kakós aitíav*) ao outro [à Díada] (988 a 15).

São essas as polêmicas palavras de um filósofo que depois de vinte anos no recesso da Academia talvez figure entre aqueles que o próprio mestre diz terem entendido bem suas lições doutrinais[128]. Tentarei, então, por meio da notícia aristotélica, estabelecer um quadro, muito breve e esquemático, do aspecto funcional exercido por cada elemento nela citado, na estrutura geral da filosofia platônica[129].

---

128. *Carta VII*, 345b.
129. Parte considerável do catálogo da *tradição indireta* versa sobre o importante papel que as ciências matemáticas parecem ter tido no âmbito da filosofia esotérica de Platão. Nela, a matemática platônica vem compreendida a partir de uma estreita vinculação não apenas com a ordenação hierárquico-ontológica preconizada pelo ateniense – já que, para Platão, como se sabe, a matemática estabelece as leis estruturais de composição de todo o cosmos – mas também com o próprio modo de existência de Formas supra-sensíveis (o que os tubingueses denominam *doutrina dos Números Ideais*, caracterizada, fundamentalmente, pela redução de um tipo específico daquelas Formas a Números Ideais, as *Formas-Números*). Sobre a teoria metamatemática de Platão, ver GAISER, K. *La dottrina non scritta di Platone*. Milano: Vita e Pensiero, 1994; REALE, G. *Para uma nova interpretação de Platão*. São Paulo: Ed. Loyola, 1997, pp. 163-180.

Sobre o "grande-e-o-pequeno" (méga kaì mikrón) de Platão:

- Platão colocou como elemento material das Idéias suprafísicas o grande-e-o-pequeno [N° 2];
- Platão associou o grande-e-o-pequeno à Díada e ao ilimitado [N° 3];
- uma das duas causas a que Platão recorreu foi a material [N° 5];
- à pergunta sobre qual é a matéria que tem a função de substrato tanto dos seres sensíveis quanto das Ideias, Platão respondeu que é a Díada ou o grande-e-o-pequeno [N° 5].
- Platão pôs a Díada – ou o grande-e-o-pequeno – como natureza oposta ao Uno [N° 4];
- Platão atribuiu à Díada (grande-e-pequeno) a causa do mal [N° 6].

Sobre o "Uno" (hén) de Platão:

- uma das duas causas a que Platão recorreu foi a formal [N° 5 e N° 2];
- Platão colocou as Ideias como causas formais das outras coisas e o Uno como causa formal das Idéias [N° 5];
- Platão pôs o Uno para fora das coisas [N° 4];
- para Platão, as formas e os números derivam do Uno e do grande-e-do-pequeno [N° 2];
- Platão atribuiu ao Uno a causa do Bem [N° 6].

Sobre a relação entre a "Díada" (dyáda) e o "Uno" (hén):

- para Platão, os elementos que compõem as Ideias – nesse caso, o Uno enquanto causa formal e a Díada enquanto causa material – são os elementos de todos os seres [N° 1].

CAPÍTULO III

Num quadro esboçado pelo mestre Giovanni Reale, temos:

Relações entre as Ideias e os Princípios supremos da realidade	
Segundo o Paradigma tradicional (Schleiermacher)	*Segundo o novo paradigma alternativo (Tübingen-Milão)*
as Ideias constituem o vértice metafísico e o eixo de sustentação da filosofia de Platão.	as Ideias NÃO constituem o vértice metafísico do pensamento de Platão, porque, acima delas, existem os Princípios (Uno e Díada) dos quais elas (as Ideias) derivam.
Platão partiu da teoria das Ideias e permaneceu fixo nela, e só no final da sua vida falou de Princípios; ou mesmo, segundo posição extrema, só os discípulos falaram em "Princípios", desenvolvendo (à revelia de Platão) indicações do mestre em seus escritos de maturidade.	A teoria dos Princípios já está presente a partir dos diálogos intermediários de Platão (e, portanto, fazem parte de suas especulação filosófica muito antes dos textos de maturidade).

O ponto mais alto da minha filosofia não é o Mundo das Ideias! Acima dele há os princípios fundadores, o Uno e a Díade Indefinida.

CAPÍTULO III

A julgar pelo relato de Aristóteles, Platão concebe a sua filosofia segundo um complexo hierárquico-ontológico derivado de dois princípios supremos – o Uno e a Díada Indefinida – causadores de toda a realidade[130]. Seja isso correto, o princípio do grande-e-do-pequeno (Díada) é elemento material tanto das Ideias quanto de todo o resto, isto é, de tudo aquilo que existe desde as esferas ontológicas supremas à esfera da realidade físico-sensória, enquanto que, por sua vez, o Uno é causa formal suprema que, interagindo com o princípio oposto, faz derivar, como de uma matriz, todas as coisas existentes. Portanto, assim como as Ideias são causas formais das outras coisas, a saber, daquelas que são estritamente causadas por elas e que as sucedem, o Uno é causa formal das Ideias, sendo que ambos (as Ideias e o Uno) agem, cada um a seu modo, sobre um mesmo substrato material, tanto no âmbito do sensível quanto no âmbito suprafísico das Ideias. Sobre esse ponto, em plena harmonia com o testemunho de Aristóteles, Simplício diz que:

> (...) Platão disse que o Uno (*hén*) e a dualidade indeterminada (*aóristón dyáda*) são princípios também no âmbito das coisas sensíveis (*aisthetón*), mas ele [Platão] pôs a dualidade indeterminada também no âmbito das coisas inteligíveis (*en toîs voetoîs*) e disse que é o indefinido (*ápeiron*); ademais, pôs o grande-e-pequeno (*méga kaì mikròn*) como princípios (*arkàs*) (...) nos seus discursos *Sobre o Bem* (*Peri Tagatou*) aos quais assistiram Aristóteles, Heraclides, Estieu e outros discípulos de Platão, os quais colocaram por escrito as coisas ditas de maneira enigmática (...).[131]

De forma esquemática, então, tem-se que:

a) as Formas e a Díada são *causas* dos *sensíveis*. As Formas são *causa* do que [a coisa sensível] *é* e a Díada é matéria subjacente da qual as Formas são "predicadas".

---

130. GAISER, K. *Op. cit.*, pp. 7-44.
131. Simplício. In *Arist. Phys.* 453, 22-30 Diels = Frag. 3 de KRÄMER, H. *Op. Cit.* p. 373.

b) o Uno e a Díada, juntos, são causas das Formas. O Uno é *causa* do que a Forma *é* e a Díada é a matéria subjacente da qual o Uno é "predicado" [em plano *meta-ideal*, vale dizer].

Tanto o esquema aduzido das palavras de Aristóteles quanto o relato de Simplício deixam entrever então que, para Platão, tudo aquilo que existe é uma espécie de *composto* resultante da recíproca interação entre o Uno e o grande-e-pequeno e, por via de consequência, que o pluralismo característico da teoria das Ideias – notadamente trabalhada nos diálogos – depende de uma estrutura ontológica fundadora mais elevada. Nesse mesmo horizonte, há uma passagem do livro *N* da *Metafísica* na qual Aristóteles afirma terem os platônicos adotado dois princípios para todas as coisas, o Uno e o desigual, sendo que o primeiro exerce a função de forma e o outro a função de matéria e que, para eles, o desigual e a Díada do grande-e-pequeno eram uma só e mesma coisa. Veja o texto:

> Ora, esses filósofos [platônicos] consideram um dos contrários como matéria: alguns opondo o Uno ao desigual (*hoi mèn tói henì tò ánison*), que consideram como a natureza do múltiplo (*toû pléthous oûsan phýsin*) outros opondo ao Uno o múltiplo (*hoi dè tói henì tò pléthos*) [...].
>
> E, com efeito, mesmo quem diz que o desigual (*tò ánison*) e o Uno são elementos (*tà stoikeîa*), e que o desigual é a díada do grande-e-do-pequeno, considera o desigual e o grande-e--o-pequeno como uma única coisa (*hos hén ónta tò ániston kaì tò méga kaì tò mikròn*) [...].[132]

---

[132]. É preciso ressaltar que a formulação inicial de *N* 1 (1087 b 5) deixa claro que, para os platônicos, o Uno é exatamente um princípio (formal) e o grande-e-pequeno é também um só princípio (material) em si mesmo, e não dois como mais tarde o Estagirita contraditoriamente chega a sugerir. Aristóteles, *Metafísica*, *N* 1, 1087 b 15.

CAPÍTULO III

As informações evocadas até aqui parecem mesmo dar conta de que Platão considerava cada um dos seres existentes com o resultado de uma composição originariamente causada pelo Uno e pela Díada, o primeiro (princípio formal) equalizando (ou "igualizando"), delimitando e determinando a multiplicidade ilimitada e indeterminada do segundo (causa material)[133]. Seja uma tal leitura correta, a indeterminação que caracteriza a Díada, portanto, se prolonga em duplo sentido: para o grande e para o pequeno e, devido à sua composição e modo de proceder, é matéria de cada multiplicidade singular[134]. De acordo com essa leitura, Platão considerou todo ser existente, em última instância, uma *unidade na multiplicidade*, ou seja, um *misto equalizado* numa certa proporção entre o grande-e-pequeno por uma causa formal correspondente à esfera ontológica na qual se encontra (pois que neste caso, unidade é unidade *de* alguma coisa). Isso que Krämer chama de *concepção ontológica de fundo* da filosofia platônica[135], principia com as causas supremas que *geram* o plano das Ideias (com as esferas ontológicas próprias) e estas, por sua vez, atuam como causas formais das coisas que delas decorrem, numa relação singular de causação que Aristóteles diz ser de *muitas unidades além da primeira unidade (pollaì monádes parà tà próton hén)*[136]. Assim, o Uno (como causa formal suprema) e as Ideias (como causas segundas) devem ter uma única e mesma causa material que, em cada nível hierárquico-ontológico, adquire identidade (vem a ser) e tem as suas características próprias fixadas. A multiplicidade de relações aduzida da interação entre os princípios supremos, então, advém da *dualidade* de direções na qual se move a Díada; nas palavras de Aristóteles:

---

133. *Metafísica*, *N* 1, 1087 b 12-33. *Cf.* ainda, KRÄMER, H. *Op. Cit.* p. 155.
134. Metafísica, N 2, 1089 b 5-15.
135. KRÄMER, H. *Op. Cit.* p. 156.
136. *Metafísica*, *N* 2, 1089 b 10.

(...) ao grande e ao pequeno [*méga/mikrón*], ao muito e ao pouco [*polý/olígon*] (...), ao longo e ao curto [*makròn/braký*] (...), ao largo e ao estreito [*platý/stenón*] (...), ao alto e ao baixo [*bathý/tapeinón*] (...), e a outras espécies de relações.[137]

Parece mesmo tratar-se de uma doutrina platônica das proporções e das relações na qual o mais e o menos que distinguem cada ser são modulados pela causa formal que se lhes opõe. Sobre esse ponto, é emblemático o testemunho de Alexandre de Afrodisia:

(...) Platão disse que também os princípios do número são princípios das Ideias e o Uno é princípio de tudo (*archàs élegen einai kaì tò hén tôn pánton*). Ademais, as Ideias são princípios das outras coisas (*tà eíde tôn állon archaí*) e os princípios dos números eram ditos a unidade (*tén monáda*) e a dualidade (*tèn dyáda*) [...]. Mas antes, [...] é a dualidade que tem em si mesma o muito e o pouco (*polý/olígon*): de fato, o duplo é muito, o meio é pouco, e ambos são na dualidade; esta oposta ao Uno, dado que o primeiro é indivisível, enquanto a segunda é divisível.[138]

Parece oportuno salientar, nesse ponto, a semelhança de conteúdo entre os testemunhos da *tradição indireta*, especialmente no que diz respeito ao agir bidirecional da Díada e o caráter

---

137. *Metafísica* N 2, 1089 b 10-15. Nos foi sugerido que a terminologia utilizada por Aristóteles nas referências a Platão e aos platônicos é sobremaneira característica do léxico aristotélico extraído de alguns de seus livros – *Física* I e II, por exemplo – e que isso deveria pesar contra os testemunhos do Estagirita. A meu ver, entretanto, a semelhança lexical entre aqueles textos, no limite, supõe uma apropriação teórica operada por Aristóteles com relação à filosofia de outros pensadores, isto é, nos mostra de que maneira ele se valeu, segundo as categorias do seu pensamento, de um conteúdo *objetivo* extraído de outras filosofias. Como dissemos já, cremos ser muito difícil sustentar a tese *chernissiana* segundo a qual Aristóteles deturpou de forma grave o pensamento de seus colegas.
138. Alexandre de Afrodisia, *Comentário à Metafísica de Aristóteles*, p.p. 55, 5-10 *apud* KRÄMER, H. *Op. Cit.* p. 383. Cf. também, Aristóteles, *Física*, IV 2, 209 b 33-210 a.

CAPÍTULO III

"unitário-definitório" do Uno como causa formal primeira. De fato, como diz Reale[139], a novidade introduzida pelos relatos exteriores dos *testimonia* talvez consista exatamente numa tentativa platônica de justificação radical última da multiplicidade geral em função daqueles princípios, segundo um esquema metafísico bipolar. Caso contrário, como seria possível sustentar as Ideias como plano último de fundamentação metafísica se sua multiplicidade, em esfera ontológica superior, se equivale à das coisas sensíveis que, supõe-se, devem unificar? Se, como é particularmente conhecida, a pluralidade das coisas sensíveis deve ser reduzida à unidade da Ideia correspondente, de igual maneira, a pluralidade das Ideias, nesse caso, é deduzida de princípios bipolares últimos, num ulterior nível de fundação metafísica[140]. Com uma *protologia*, Platão teria podido sustentar com igual eficácia, tanto a pluralidade das coisas sensíveis quanto a das Ideias correspondentes (as quais, sem o nível bipolar de explicação, não seriam suficientemente resolvidas). Não é sem motivo, então, que Aristóteles também reserve algumas importantes passagens da sua *Física* para se referir aos princípios supremos da filosofia platônica. Eis uma das mais significativas:

> Há dois modos pelos quais os estudiosos da natureza se pronunciam. Pois uns, fazendo um só o corpo subjacente – ou algum dos três, ou um outro mais denso que fogo, porém mais sutil que ar – geram as outras coisas, fazendo-as muitas, por densidade e rareza – e estas são contrárias (*taûta d'estìn enantía*) e, em geral, são contrários excesso e falta (*kathólou d' hyperokhè kaì élleipsis*), tal como Platão menciona o grande-e-o-pequeno,

---

139. REALE, G. *Op. Cit.* p. 163.
140. *Id.* pp. 101-166.

embora ele faça de tais coisas matéria e do Uno, por sua vez, forma (...).[141]

Como se vê, o quadro geral da filosofia platônica formado a partir de uma aproximação com a sua porção não-escrita é significativamente reconstruído e reordenado. Sua nova configuração dá a conhecer que, para Platão, tudo deriva da tensão primordial entre princípios supremos dos quais nascem os diversos graus hierárquicos e a concatenação articulada das várias estruturas ontológicas que compõem o cosmos. De acordo com o que foi visto até aqui, portanto, um quadro sinóptico da estrutura hierárquica da realidade, tal como Platão deve tê-lo concebido, se revela na seguinte forma[142]:

1) Plano dos Princípios Supremos da Realidade – Uno e Díade do grande-e-do-pequeno.
2) Plano das Formas Inteligíveis.
3) Plano dos entes matemáticos intermediários.
4) Plano dos seres sensíveis.

Pode-se dizer, de acordo com tal esquema, que, se para Platão tudo deriva de dois princípios fundamentais, o Uno e a Díade indefinida, em via diversa, a análise estrutural de tudo o que é formado por tais princípios, *em última instância*, reconduz à bipolaridade prototípica.

---

141. *Física*, I-4, 187a 12-19. Para o texto da *Física* de Aristóteles, utilizamos a edição bilíngue preparada por Lucas Angioni *In:Aristóteles, Física* I e II, Clássicos da Filosofia: Cadernos de Tradução nº1. Campinas: IFCH/UNICAMP, 2002. Ver ainda, *Física* I-9, 191b-192a.
142. Com o discurso protológico, intencionalmente ou não, Platão avistou a superação do paradoxo da autocisão derivado da representação eleática do Ser. É que a adoção de *princípios supremos* no cume de seu sistema filosófico talvez responda a uma paralógica autoduplicação do Uno parmenideano. KRÄMER, H. *Op. Cit.* p. 154.

CAPÍTULO III

Com efeito, a completa estrutura hierárquica do cosmos platônico é permeada ainda – pelo que se pode aduzir da *tradição indireta* – por uma série de nexos "sub-categoriais" importantíssimos[143]. Entretanto, dado que o estudo daqueles nexos é de importância secundária para os meus propósitos, volto a atenção para o conteúdo da alínea Nº 6 do relato aristotélico extraído da *Metafísica* que, até agora, ainda não mereceu nenhum exame nosso, a saber, aquela em que o Uno (*hén*) está associado ao Bem (*eû*) e a Díada ao Mal (*kakós*) [Nº 6].

O tema Uno-Bem e Díada-Mal é sobremaneira delicado e, a bem da verdade, a julgar pelo atual estado das fontes, ainda está por ser completamente resolvido. Não obstante isso, para que me mantenha de acordo com a orientação seguida até aqui – e para não abandonar por completo, e sem a devida justificação, aquele último ponto do relato extraído do A6 da *Metafísica* aristotélica – apresento ao menos uma visão geral de algumas das interpretações já sugeridas para o problema que ora se impõe. Para que sejam adequadamente apresentadas, entretanto, inicio aqui um breve (mas essencial) estudo de alguns dos principais trechos extraídos da leitura dos livros VI e VII da *República* de Platão. É que, como será visto, o debate acerca do Uno-Bem e Díada-Mal no platonismo é em grande medida balizado pela investigação daqueles livros e, além disso, tenho razões para crer que algumas das passagens centrais da *República* podem lançar alguma luz sobre o *status* filosófico do Uno na estrutura geral da filosofia de Platão – ponto verdadeiramente fundamental para meu estudo acerca do Demiurgo no *Timeu* – e, por via de consequência, talvez permitam uma melhor compreensão de algumas das notícias lidas na *tradição indireta*. Esclarecido este ponto, remeto à *República*.

---

143. GAISER, K. *Op.Cit.* pp. 45-197 e REALE, G. *Op. Cit.* pp. 241-371.

A República de Platão e as operações unitárias da Idéia de Bem

Segundo os autores do Novo Paradigma, tanto no livro VI quanto no livro VII da *República*, Platão apresenta de modo inequívoco, uma série muito importante de funções e características da Ideia de Bem – operações que, analisadas exclusivamente a partir do instrumental schleiermacheriano, dizem os tubingueses, continuam causando enorme embaraço aos pesquisadores[144]. Parte desse embaraço, talvez possa ser explicado pelo fato – não devidamente considerado pelo critério tradicional de interpretação – de que um escrito de Platão sobre as funções e características do Bem não implica igualmente na existência de um texto seu que defina a *essência* própria do Bem (ainda que devam estar em conformidade com ela e que dela dependam). Para *Tübingen-Milão*[145], pelos motivos aduzidos do *Fedro*, da *Carta VII* e de parte da *tradição indireta*, Platão preferiu, também na *República*, manter não-escrita a parte mais importante do seu saber sobre a mais elevada de todas as Ideias, a Ideia de Bem, referindo-se a ela apenas de modo parcial e segundo uma estratégia notadamente marcada por limitações metodológicas reconhecidas e anunciadas pelo próprio filósofo no corpo do diálogo[146]. Por isso, antes de nossa breve análise do conteúdo parcialmente anunciado por Platão sobre a Ideia de Bem na *República* – e os seus efeitos filosóficos quando cotejado com as informações extraídas dos testemunhos da *tradição indireta* –, vejamos duas passagens nas quais o filósofo anuncia de modo muito claro a incompletude

---

144. REALE, G. *Op. Cit.* p. 256.
145. KRÄMER, H. *Op. Cit.* pp. 186-187.
146. REALE, G. *Op. Cit.* p. 242.

CAPÍTULO III

de seu discurso escrito sobre o Bem e que são aduzidas como prova pelos tubingueses:

– Por Zeus, ó Sócrates – interveio Glauco –, não te detenhas como se tivesses chegado ao fim! Basta que nos faças uma exposição sobre o Bem (*perì toû agathoû*), tal como a fizeste sobre a justiça, a temperança e as outras virtudes.

– Também a mim, meu amigo, me bastará, e por completo. Todavia, temo não ser capaz disso e que meu zelo despropositado me torne ridículo. Mas, meus caros, vamos deixar por agora a questão de saber o que é o Bem em si (*tí estì tagathòn*); parece-me grandioso demais para, com o impulso que presentemente levamos, poder atingir, por agora, o meu pensamento acerca dele. O que eu quero é expor-vos o que me parece ser o filho do Bem, e a ele muito semelhante (*ékgonos te toû agathoû phaínetai kaì homoiótatos ekeínoi*), se tal voz apraz; caso contrário, deixemo-lo de lado.

– Fala – disse ele –, outra vez pagarás a explicação do que seja o pai (*eis aúthis gàr toû patròs apoteíseis tèn diégesin*).

– Quisera eu pudesse pagar e vós recebê-la, e não como agora, dar-vos só os juros (*toùs tókous mónon*). Mas, por enquanto, tomai esses juros e este filho do Bem em si (*toûton dè dé oûn tòn tókon te kaì ékgonon autoû toû agathoû komísasthe*). Mas ficai atentos para que não vos engane sem querer, prestando-vos uma conta errada dos juros.

– Teremos cuidado até onde pudermos – disse ele –, quanto a ti cabe então falar.[147]

---

147. *República*, VI, 506d-507a. Para a presente versão em português dos trechos da *República* de Platão, consultamos a tradução de Maria Helena da Rocha Pereira (Platão. *A República*. Fundação Calouste Gulbenkian, 1972), a tradução para o inglês editada por John M. Cooper (*Plato: Complete Works*. Indianapolis/Cambridge: Hackett Publishing Company, 1997) e o texto grego estabelecido por J. Burnet (*Platonis Opera*. Oxford, 1892-1906 – com várias edições).

A passagem é mesmo desconcertante. Nela, diferentemente dos *passos de omissão* tão comuns à estrutura dialógica dos textos do filósofo – marcada pelo abandono, tácito ou explícito, das questões discutidas –, Platão não renuncia à tarefa que agora lhe é imposta pela estrutura geral da argumentação: tratar do Bem-em-si. Entretanto, segundo o parecer do próprio ateniense, a natureza grandiosa do objeto a ser analisado é incompatível com a impostação do diálogo desenvolvido ali – vale dizer, naquele momento – e, por isso mesmo, no limite, ele será tratado a partir de um símile a que Platão denomina "o filho do Bem-em-si". Prova da coerência da declaração programática que acabamos de ler – e de que Platão mantém-se fiel ao seu propósito de não oferecer mais do que uma referência analógica do que seja o Bem-em-si – é a passagem que se nos apresenta logo depois do personagem Sócrates, comparando-a com o Sol do mundo sensível, ter "melhorado" a imagem da Ideia de Bem:

– E Glauco muito comicamente exclamou: Valha-nos Apolo! Que divina transcendência!

– O culpado és tu, que me obrigas a exprimir minha opinião sobre o assunto.

– Não pares, de maneira nenhuma! Ainda que não queiras ir mais longe, ao menos trata de novo da analogia com o Sol, a ver se escapou alguma coisa.

– Realmente, são muitas as coisas que deixo escapar (*allà mén, syknà ge apoleípo*).

– Então não deixes ficar nenhuma, por pequena que seja.

– Julgo que deixarei, e muitas (*oîmai mén, kaì polý*). Mesmo assim, até onde for possível nas circunstâncias presentes, não omitirei nada voluntariamente.

CAPÍTULO III

— Realmente não, disse.[148]

Pelo que se vê, ainda que isso não garanta que ele não o tenha feito alhures, na *República*, Platão se impõe uma rígida limitação metodológica que – embora não o impeça de oferecer uma imagem parcial do Bem-em-si – o faz silenciar e deixar para uma "outra vez"[149] (*eis authis*) um discurso acerca da essência do Pai-Sol, isto é, da Ideia de Bem. Por isso, mesmo que obrigado pelos interlocutores a não abandonar por completo o objeto da discussão, o filósofo promete no máximo uma visão geral do que ele seja – deixando não poucas, mas muitas coisas sem o devido exame –, poder-se-ia dizer, de acordo tão-somente com as exigências impostas pelo curso do diálogo. É sabido, entretanto, que Platão não paga o *capital principal* daquele "juro" da *República* em nenhum outro dos textos atribuídos a ele pelos estudiosos, e isso pode significar uma de duas coisas: i) ou que Platão renuncia a um estudo completo sobre o Bem nos seus textos exatamente porque julgava não conhecê-lo o suficiente e que, portanto, na *República*, deu a conhecer tudo o que lhe era possível naquele momento, segundo os seus limitados conhecimentos sobre a natureza da mais elevada das Ideias (tese que, de uma forma ou de outra, diminuiria a importância filosófica

---

148. Giovanni Reale sugere que essa exclamação de Glauco alude, ainda que simbolicamente, ao modo segundo o qual os pitagóricos se referiam ao Uno (e, consequentemente, seria um modo indireto de Platão se referir ao seu próprio Uno-Bem). Para ele, "do ponto de vista etimológico, note-se, A-polo pode ser, com efeito, entendido como 'privação do múltiplo', justamente jogando com o privativo e com o muito". Como reforço à sua tese, Reale evoca o seguinte testemunho de Plotino: "Provavelmente esse nome 'Uno' significa supressão relativamente ao múltiplo. Por essa razão também os pitagóricos entre si o chamavam simbolicamente Apolo, pela negação dos muitos" (Plotino, *Enéadas*, V, 5, 6). Reale não afirma, entretanto, que a relação entre a exclamação de acento pitagórico e a referência ao Uno platônico seja inequívoca (embora julgue irrefutável que na *República* Platão entenda o Bem como Uno). REALE, G. *Op. Cit.* p. 258. *República*, VI, 509c-d.
149. *República*, VI, 506e.

da *tradição indireta*); ii) ou, em pleno acordo com os *autotestemunhos* do *Fedro* e na *Carta VII*, Platão remete o seu leitor a um conteúdo objetivamente *exterior*, não registrado nos textos, mas tratados na dimensão da oralidade dialética.

Contra a possibilidade de o filósofo simplesmente não ter pago a dívida principal da *República*, isto é, de não ter aprofundado de forma devida – nem mesmo na oralidade – o discurso sobre a essência do Bem, depõe o tom enfático da sua exortação, diante da necessidade de se chegar a um quadro acabado do conhecimento do Bem (na qual ele anuncia uma estratégia em tudo diversa daquela limitada programação metodológica assumida alguns parágrafos depois):

> – Mas, meu amigo – repliquei –, em casos destes [para que perfeições possam ser contempladas], uma medida que deixa a desejar, por pouco que seja, da realidade, não é de modo algum uma boa medida, pois não pode haver uma medida imperfeita seja do que for (*métron tôn toioúton apoleípon kaì hotioûn toû óntos ou pánu metríos gígnetai; atelès gàr oudèn oudenòs métron*). Mas às vezes certas pessoas entendem que já basta e que não é necessário para nada prosseguir as investigações.
>
> – Até há muitos que aceitam que seja assim por indolência (*dià raithymían*).
>
> – Tal aceitação – prossegui – é a atitude que menos deve ter um guardião do Estado e das leis.
>
> – Naturalmente – concordou ele.
>
> – Logo, meu amigo, ele tem de ir pelo caminho mais longo (*makrotéran periitéon*), e que não se esforce menos nos estudos do que nos exercícios físicos; ou então, como ainda agora dissemos, jamais atingirá o fim da ciência, que é a mais elevada e a que mais lhe convém.
>
> – Então não é esta a mais elevada? Há ainda algo de superior à justiça e às outras qualidades que analisamos?

CAPÍTULO III

— Não só superior — repliquei — mas também não devemos apenas contemplar, como até agora, o respectivo esboço, mas sim não deixar de observar a obra acabada. Ou não seria ridículo pôr todo o empenho noutras coisas de pouca valia, esforçando-nos para que sejam o mais exatas e perfeitas possível, e não entender que as coisas mais importantes merecem a maior exatidão?

— Exatamente — respondeu. Mas quanto a esse estudo mais elevado e ao objeto que lhe atribuis, julgas que alguém te largará sem te perguntar qual seja?

— De modo algum. (...) já me ouviste afirmar com frequência que a Ideia do Bem é a mais elevada das ciências, e que para ela é que a justiça e as outras virtudes se tornam úteis e valiosas (*epeì hóti ge he toû agathoû idéa mégiston máthema, pollákis akékoas, héi dè kaì díkaia kaì tálla proskresámena krésima kaì ophélima gígnetai*).[150]

Ora, a julgar pelo instrumental de *Tübingen-Milão*, poder-se-ia dizer que o trecho acima nada mais é do que uma *carta de intenções* de Platão — anunciada no pórtico da discussão sobre o Bem —, inteiramente de acordo com o caráter meramente *hipomnemático* e *protréptico* que um texto escrito teria para ele (e que, portanto, deveria se efetivar — ou, nesse caso, se completar — fora do escrito, por meio de um outro *medium*, e não nele mesmo). Seja isso verdade, a declaração programática dessa passagem deve nos remeter para um conteúdo não consignado — ou consignado apenas em breves alusões — no diálogo e que, segundo os tubingueses, pode ser encontrado, ainda que de maneira precária, nos relatos da *tradição indireta*[151]. Não bastasse a força com a qual destaca a necessidade de observar a "obra acabada" — nesse contexto, de

---

150. *República*, VI, 504c-505a.
151. REALE, G. *Op. Cit.* pp. 241-242.

definir, por completo, o Bem – em outros trechos do diálogo[152], Platão parece sim se incluir entre os que conhecem a fundo a Ideia de Bem e, por via de consequência, deixa entrever que a timidez do programa traçado para o exame daquela Ideia na *República* decorre, como defendem os tubingueses, da natureza (ético-política) da discussão, do menor favor com o qual ele julga a palavra escrita e do medo de, ao tratar ali da essência do Bem, "tornar-se ridículo (...) por temor de se tornar objeto de derrisão e de desprezo" (tal como adverte o trecho final do *Fedro*)[153]. Se for verdade que, para atingir a mais elevada das ciências, o homem deve seguir pelo caminho mais longo e que não deve se esforçar menos nos estudos – que devem durar por volta de cinquenta anos[154] – do que nos exercícios físicos, questiono em que medida o fim de um tal caminho e de uma tal ciência poderiam ser alcançados apenas e tão-somente com a frequentação, mesmo que incansável e sistemática, do "juro" que Platão dá a conhecer num dos seus mais importantes diálogos – mascarado pela peculiar economia da sua argumentação – ou, se prefere-se, na totalidade deles (tal como querem alguns estudiosos defensores da autonomia absoluta – não apenas dramática, mas também filosófica – dos diálogos)[155]. Seja correta a interpretação do Novo Paradigma, então, o filósofo teria optado na *República* por um "calar proposital" de quem reserva para outra ocasião (ou, em termos mais modernos, outro *meio de comunicação*) o que considera possuir de mais importante (*ta timiótera*) e maior (*ta mégista*), aquelas coisas que ele "deixa escapar" por não estarem de acordo com a impostação geral do diálogo e por serem mais

---

152. República, 504a-505b; 506d-e.
153. REALE, G. *Op. Cit.* p.245. Ver também KRÄMER, H. *Op. Cit.* p. 196.
154. *República*, VI e VII, passim.
155. *República*, VI, 504d.

grandiosas que o impulso que movimenta a trama literária. Assim, para o pesquisador que hoje se ocupa de Platão, uma compreensão mais completa do estatuto filosófico da Ideia de Bem só poderia advir mesmo, um tanto que paradoxalmente, daquilo que sobrou *escrito* do conteúdo originariamente *não-escrito* do ateniense, o catálogo da *tradição indireta*.

Mas eis aquelas passagens nas quais Platão deixa entrever algumas das funções exercidas pelo Bem-em-si e que talvez possam, a um só tempo, esclarecer as notícias indiretas das quais já tratei e, em via contrária, serem esclarecidas por elas.

Como visto acima, Platão se vale de um símile para tratar do estatuto filosófico do Bem-em-si na *República*, qual seja, o do *Sol-filho*, a imagem tangível da mais sublime das Ideias em plano sensível. Das operações atribuídas, em chave analógica, ao Sol sensível – e, por via de consequência, em plano hierárquico fundador, à Ideia de Bem –, Platão destaca inicialmente aquela que propicia a faculdade de ver, na medida em que a luz do Sol media a relação *visão/objeto visto* como uma espécie de laço de ligação por meio do qual o *ver* se efetiva. Nas palavras de Platão:

> – Ainda que exista nos olhos a visão, e quem a possui tente servir-se dela, e ainda que a cor esteja presente nas coisas, se não se lhes adicionar uma terceira espécie [a luz do Sol], criada expressamente para o efeito [o ver], sabes que a vista nada verá, e as cores serão invisíveis (...). Por conseguinte, o sentido da vista e a faculdade de ser visto estão ligados por um laço de uma espécie bem mais preciosa do que todos os outros, a menos que a luz seja coisa para desprezar.
>
> – A verdade é que está bem longe de ser desprezível (...).
>
> – Podes, portanto, dizer que é o Sol, que eu considero filho do Bem (*toû agathoû ékgonon*), que o Bem gerou à sua semelhança (*tagathòn egénnesen análogon heautôi*), o qual Bem é, no mundo inteligível, em relação à inteligência e ao inteligível,

o mesmo que o Sol no mundo visível em relação à vista e ao visível (*en tôi noetôi tópoi prós te noûn kaì tà nooúmena, toûto toûton en tôi horatôi prós te ópsin kaì tà horímena*).[156]

Esse é um ponto essencial do discurso de Platão. Nele o filósofo associa de maneira inequívoca a função exercida pelo filho do Bem no mundo sensível – como mediador entre a visão e o que é visível – e a função análoga do Bem-Pai relativamente ao suprafísico – como mediador entre a inteligência e o inteligível. Destacado o efeito dessa comparação, poder-se-ia dizer que a luz que dimana da Ideia de Bem condiciona e possibilita o próprio conhecimento das essências, sem se confundir com elas no entanto, pois a luz do Bem não é nem intelecto nem ser inteligível (enquanto objeto de conhecimento), assim como a luz do filho Sol não é nem visão nem objeto visto, mas algo que os une e que causa o próprio ver.

Mas o pagamento do "juro" platônico não termina naquela analogia; ao contrário, ela torna-se ainda mais explícita e adentra um terreno desconhecido para o leitor dos outros diálogos do filósofo. Eis o que diz Platão:

– Fica sabendo que o que transmite a verdade aos objetos cognoscíveis (*tèn alétheian parékon toîs gignoskomenois*) e dá ao sujeito que conhece poder (*tèn dýnamin*), é a Ideia de Bem (*tèn toû agathoû idéan*). Entenda que é ela a causa do saber e da verdade (*aitían d'epistémes oûsan kaì aletheías*), na medida em que esta é conhecida, mas, sendo ambos assim belos, o saber e a verdade, terás razão em pensar que há algo de mais belo ainda do que eles (*kállion toúton*). E, tal como se pode pensar corretamente que neste mundo [sensível] a luz e a vista são semelhantes ao Sol (*phós te kaì ópsin helioeidê*), mas já não é certo tomá-las pelo Sol (*hélion d'hegeîsthai ouk orthôs ékhei*), da mesma forma, no outro, é correto

---

156. *República*, VI, 507e-508c.

CAPÍTULO III

analisar o conhecimento e a verdade, ambos, semelhantes ao Bem, mas não é certo tomá-las, a uma ou a outra, pelo Bem, mas sim formar um conceito ainda mais elevado do que seja o Bem (*all'éti meidzónos timetéon tèn toû agathoû héksin*).

— Referes-te a uma beleza prodigiosa, se é ela que transmite o saber e a verdade, mas que os excede ainda em beleza (*ei epistémen mèn kaì alétheian parékei, autò d'hupèr taûta kállei estín*). Pois sem dúvida não é ao prazer que estás a aludir.

— Para longe com este agouro![157]

Para Platão, com efeito, assim como os olhos veem nítida e claramente os objetos físicos quando iluminados pelo Sol — e veem mal e parecem cegos quando não iluminados por ele[158] —, a alma conhece os objetos cognoscíveis pelo poder e pela luz conferidos pela Ideia de Bem. O Bem, diz Platão, é causa do saber e da verdade e, na medida em que os causa, é superior a eles (assim como a verdade e a ciência são belas, mas são causadas por algo mais belo do que ambas, a Ideia de Bem). É *mister* salientar que o filósofo sublinha a impossibilidade de se tomar uma coisa pela outra, isto é, o Bem-Pai pela verdade ou pelo saber e vice-versa: embora semelhantes, são coisas distintas e daí a necessidade de se formar "um conceito ainda mais elevado do que seja o Bem".

Talvez bastasse esse trecho para que o estudioso atento aos *testemunhos indiretos* da filosofia platônica se sentisse tentado a identificar — tal como sugerido por Aristóteles — o Uno e a Ideia de Bem. Mas as semelhanças entre um e outro vão além, na medida em Platão se propõe a elucidar ainda mais o que seja o Bem-em-si. Eis o que diz o filósofo:

---

157. *República*, VI, 508e-509b.
158. *República*, VI, 508c-e.

— Reconhecerás que o Sol proporciona às coisas visíveis não só, segundo julgo, a faculdade de serem vistas (*tèn toû horásthai dýnamin*), mas também a sua gênese, crescimento e alimentação, sem que seja ele mesmo a gênese (*tèn génesin kaì aúksen kaì trophén, ou génesin autòn ónta*).
— Como assim?
— Logo, para os objetos do conhecimento (*toîs gignoskoménois*), dirás que não só a possibilidade de serem conhecidos lhes é proporcionada pelo Bem (*mè mónon tò gignóskesthai phánai hypò toû agathoû pareînai*), como também é por ele que o Ser e a essência lhe são adicionados (*tò eînai te kaì tèn ousían hyp'ekeínou autoîs proseînai*), apesar de o Bem não ser uma essência (*ouk ousías óntos toû agathoû*), mas estar acima e para além da essência, pela sua dignidade e poder (*all'éti epékeina tês ousías presbeíai kaì dynámei hyperékhontos*).[159]

É difícil acusar os tubingueses de não terem tido motivos bons o suficiente para terem sido seduzidos por tais palavras. Nelas, Platão atribui o Ser e a essência de cada objeto cognoscível à Ideia de Bem e ainda a eleva a uma peculiar condição de algo que está "acima e para além da essência" (reforçando o aspecto *proto-causal* do Bem, tal como vimos no trecho anterior). Bastaria um retorno estratégico ao capítulo seis do livro da *Metafísica* do Estagirita — que, como já dito, norteia o estudo dos *testimonia* — para se notar o quão semelhantes parecem ser, de fato, o Uno platônico da *tradição indireta* e Ideia de Bem da *República*. Entre outras coisas, já tratadas em páginas anteriores, foi visto que Aristóteles atribui a Platão a tese de que o Uno está para além das coisas (*para ta pragmata*) e que, assim como as Ideias são causas formais das outras coisas, o Uno é causa formal das Ideias — isto é, confere o "ser" de cada uma delas e, consequentemente, a possibilidade de serem conhecidas. A bem

---

159. *República*, VI, 509b-c.

da verdade, desconhecemos uma via plausível de solução para essa "Ideia de Bem acima da essência" amparada tão-somente pela leitura dos diálogos (o que, obviamente, não exclui a possibilidade de ela existir), em todo caso, como explicar, aceitando a hipótese de que os textos platônicos sejam *completamente* autônomos – tanto em termos dramáticos e literários (o que aceitamos) quanto em termos filosóficos (o que tendemos a não aceitar) –, uma Ideia de características assim tão peculiares.

Mas não são apenas esses aspectos funcionais da Ideia de Bem que chamam a atenção dos tubingueses e que os levam a associá-la ao Uno da tradição indireta. Vejamos duas outras passagens da *República*:

> – Pois, segundo entendo, no limite do cognoscível é que se avista, a custo, a Ideia de Bem; e uma vez avistada, compreende-se que ela é para todos a causa de quanto há de justo e belo (*pâsi pánton haúte orthôn te kaì kalón aitía*); que, no mundo visível, foi ela que criou a luz, da qual é senhora, e que, no mundo inteligível, é ela a senhora da verdade e da inteligência (*kuría alétheian kaì noûn*), e que é preciso vê-la para ser sensato na vida particular e na pública.
>
> – Concordo também, até onde sou capaz de seguir a tua imagem.[160]

E ainda:

> – (...) Depois disso, deves mandá-los descer novamente à tal caverna e forçá-los a exercer os comandos militares e quantos pertençam aos jovens, a fim de que não fiquem atrás dos outros, nem mesmo em experiência. E até nesses lugares têm de ser postos à prova, a ver se, solicitados em todos os sentidos, se mantêm firmes ou se deixam abalar.

---

160. *República*, VII, 517c.

— E para isso, quanto tempo marcas?

— Quinze anos — disse eu. Quando tiverem cinquenta anos, os que sobreviverem e se tiverem destacado, em tudo e de toda maneira, no trabalho e na ciência, deverão ser já levados até o limite e forçados a inclinar a luz radiosa da alma para a contemplação do Ser que dá luz a todas as coisas. Depois de terem visto o Bem em si (*idóntas tò agathòn autó*), usa-lo-ão como paradigma (*paradeígmati*), para ordenar a cidade, os particulares e a si mesmos (*kaì pólin kaì idiótas kaì eautoùs kosmeîn*), cada um por sua vez, para o resto da vida, mas consagrando a maior parte dela à filosofia.[161]

Segundo *Tübingen-Milão*, esses são trechos que ilustram de forma emblemática o conceito de ordem (*kósmos, táksis*) que permeia a construção argumentativa de Platão por quase todo o diálogo e que encontra também no Uno-Bem a sua causa e o seu princípio fundador. Na *República*, diz Krämer:

> (...) a norma suprema do Estado ideal é constantemente indicada assim: que ele deve ser *um* e não muitos[162]. Mas também o homem particular deve ser em si unitário, e também exercer *uma* só profissão, para poder ser *um* e para poder, por consequência, tornar *um* o Estado. O próprio Bem age como fundamento e propiciador de ordem (a unidade na multiplicidade!), assim como de unidade.[163]

A leitura da *República* — em especial, dos livros VI e VII — em nova chave hermenêutica, então, resulta naquilo que *Tübingen-Milão* chama de "polivalência funcional" do Uno-Bem de Platão[164]. A partir dessa polivalência funcional, sempre segundo

---

161. *República*, VII, 540a-b.
162. *República*: 422e, 423a, 445c, 462a ss., 551d, 557c.
163. KRÄMER, H. *Op. Cit.* p. 188.
164. KRÄMER, H. *Op. cit.* p. 165.

os tubingueses, podemos vislumbrar um quadro complexivo das operações *henológicas* indicadas tanto pelo discurso alusivo da *República* quanto por informações extraídas da peculiar doxografia platônica. Assim, devidamente consideradas, *tradição direta* e *tradição indireta* parecem revelar três aspectos fundamentais do Uno-Bem: o *axiológico*, o *gnosiológico* e o *ontológico*: i) *axiológico* na medida em que o Uno-Bem é princípio, fundamento e causa de toda ordem, de toda harmonia, de justiça e de beleza – unidade na multiplicidade –, sem que seja, ele mesmo, nada disso, porque, ontologicamente, as antecede e funda; ii) *gnosiológico* porque o Uno-Bem é princípio de saber, de cognoscibilidade, pois, segundo Reale, ele "de-termina" as coisas e a sua essência e, por via de consequência, as torna cognoscíveis (sem que seja, ele mesmo, objeto de conhecimento *discursivo*, porque ele está para além daquilo que pode ser conhecido na medida em que é fundamento do que é cognoscível)[165]; iii) *ontológico* porque, como visto[166], o Uno-Bem é causa de ser, de essência. Ele confere a existência de cada uma das coisas, determinando-as ontologicamente.

Mas os tubingueses vão além, e aplicam as lições sobre o Uno também à Díada, sugerindo que: i) devido ao estatuto ontológico diferenciado que os caracteriza, os princípios bipolares da realidade não parecem ser suscetíveis de qualquer tipo de juízo de valor e, por via de consequência, talvez não possam ser analisados segundo aquelas regras lógicas da *não-contradição* e do *terceiro excluído*. Como *fundadores* e *causadores* de toda a realidade, eles antecedem tudo aquilo que é passível de tal análise e estão, segundo o próprio Platão, *para além* de todo ser; seja isso correto, ademais, ii) o uso de termos que evocam noção de *temporalidade* e *geração* para analisar o papel exercido pelos princípios supremos

---

165. REALE, G. *Op. Cit.* p. 260.
166. *República*, VI, 509b-c.

("causar", "decorrer", "fundar", por exemplo) torna-se meramente analógico e prototípico, pois, no caso em questão, apresentam a uma inteligência que trabalha de forma notadamente discursiva e analítica um processo que deve ocorrer de maneira *aprocessual* e *não-temporal*. Pela mesma razão, a estrutura hierárquico-ontológica resultante da composição entre informações extraídas dos diálogos bem como do catálogo da *tradição indireta* não deve implicar necessariamente numa representação espacial determinada (os princípios *acima* das formas ideadas, etc.) – recurso que, no limite, tende meramente a aclarar o curso geral da exposição[167].

Eis, então, à guisa de remate, uma visão esquemática e resumida dos argumentos da *República* dos quais *Tübingen-Milão* extrai a assim chamada "polivalência funcional" do Uno-Bem:

a) a ciência do Uno-Bem é a mais elevada de todas as ciências e é por meio dela que as outras virtudes se tornam úteis e valiosas (504c-505a);

b) o Uno-Bem confere verdade aos objetos cognoscíveis [é causa de verdade] (508e);

c) o Uno-Bem dá ao sujeito que conhece o poder de conhecer [é causa do saber] (508e);

d) na medida em que os causa, o Uno-Bem é mais belo do que a verdade e o saber (508e-509a);

e) o conceito do Uno-Bem deve ser mais elevado do que aqueles da verdade e do saber (509a);

f) assim como o Sol no mundo sensível torna os objetos visíveis e lhes garante a gênese, a alimentação e o crescimento, o Uno-Bem garante a cognoscibilidade dos objetos cognoscíveis e confere o ser e a essência de cada um deles (509b-c);

---

167. A dificuldade evocada por um discurso sobre os *princípios* parece explicar, ao menos em parte, o porquê de Platão ter tido tamanho cuidado com sua exposição e, por consequência, de tê-la deixado para os iniciados em preleções na Academia.

g) tomado em si mesmo, o Uno-Bem não é uma essência, pois, pela sua dignidade e poder, está acima e para além das essências (509b-c);
h) o Uno-Bem é causa de tudo aquilo que é justo, belo, senhor da verdade e da inteligência, causa de sensatez (517c);
i) o Uno-Bem é paradigma de ordenação, tanto da vida pública quanto da vida particular (540a-b).

As relações entre o Uno dos *testimonia* e o Bem da *República* são por demais significativas para serem simplesmente ignoradas. Não obstante isso, como é natural nesses casos, ao assumir o Uno e a Ideia de Bem como uma só e mesma coisa, o estudioso se vê diante de uma nova série de importantes problemas que igualmente não podem ser ignorados. Um desses problemas é o fato de o filósofo não associar – ao menos não *explicitamente* – Uno e Ideia de Bem em nenhum de seus escritos. Esse problema, entretanto, talvez possa ser matizado se se tem em mente:

a) as diversas censuras e advertências do *Fedro* e da *Carta VII* concernentes às limitações da comunicação filosófica escrita e o fato de que, para Platão, o verdadeiro filósofo-dialético não põe por escrito aquilo que considera ser o mais importante e, por ser o primeiro a reconhecer a debilidade e a fragilidade do escrito, o julga com menor favor, preferindo manter no âmbito da oralidade-dialética o que tem de melhor no seu pensamento;
b) o conteúdo filosófico que a *tradição indireta* põe na boca de Platão e o fato de que tal conteúdo amplia, em grande medida, as possibilidades de resolução de problemas não solucionados pelo paradigma tradicional.

Não obstante isso, o problema que me trouxe até aqui e que agora, depois de apresentados os elementos necessários, deve ser mais bem tratado, é aquele derivado do testemunho aristotélico no qual não só o Uno está associado ao Bem – o que parece estar em acordo com as páginas da *República* –, mas também a Díada ao Mal[168]. Iniciemos pela emblemática pergunta de Trabattoni diante daquela notícia de Aristóteles:

> Se for verdade que um dos temas gerais mais fortes da filosofia de Platão é a coincidência entre o que é primeiro do ponto de vista do ser e da causa, e o que é primeiro do ponto de vista do valor, é plausível supor que Platão tenha atribuído a posição de primeiro princípio a uma espécie de entidade negativa responsável pelo mal?[169]

É óbvio que não se pode conceber uma solução razoável para o problema da Díada-Mal se aceitamos, de antemão, as categorias filosóficas aduzidas por Trabattoni já no modo como expõe sua dúvida (e sua crítica à *Tübingen-Milão*). Em todo caso, que estudioso, em sã consciência, defenderia a tese de que Platão, contra tudo aquilo que se pode extrair dos diálogos, apresentou em lições orais uma protologia do mal tomado numa acepção cristã de "entidade negativa"? Para que não restem dúvidas de que é essa mesma a impostação geral da crítica de Trabattoni, talvez baste sublinhar a deferência com a qual ele cita Cornélia de Vogel – "estudiosa católica do pensamento antigo e platônico em especial" – para quem as teses de *Tübingen-Milão* são inaceitáveis porque apresentam um Platão dualista e maniqueísta[170].

Não obstante isso, a crítica de Trabattoni não encontra nenhum respaldo nos textos da *tradição indireta*. Só uma leitura disjuntiva deles – sem a precaução de associar-lhes o conteúdo àquilo que se pode extrair da *tradição direta* – poderia resultar

---

168. Aristóteles, *Metafísica*, A6, 988a.
169. TRABATTONI, F. *Oralidade e escrita em Platão*. São Paulo: Discurso Editorial; Ilhéus: Editus, 2003, p. 81.
170. TRABATTONI, F. *Op. Cit.* p. 81.

CAPÍTULO III

numa tese de tal natureza. Mas qual seria, então, o sentido de mal que Aristóteles atribui à Díada indefinida? De acordo com o que vimos, o ensino oral de Platão parece apontar para uma explícita visão unitária de sua filosofia sob uma complexiva teoria dos princípios. Seja isso verdade, todos os diferentes graus hierárquico-ontológicos componentes da completa estrutura da realidade – bem como todas as diferenças e especificidades de cada ser particular – são determinados pelos graus de *mistura* dos dois princípios supremos contida naquilo que existe (que é, de algum modo, ser). Por isso, o grau de mistura designado para cada existente deve revelar, inclusive, a diferença determinante entre o mundo inteligível e o mundo sensível[171] – hipótese verdadeiramente fundamental para um completo entendimento dos argumentos apresentados no capítulo dedicado à análise do papel desempenhado pelo Demiurgo no *Timeu* – dado que, nesse caso, há uma *equalização* provocada pela ação do Uno-Bem entre os dois momentos do grande-e-do-pequeno que, devido à sua natureza, é caracterizado por uma *ilimitação* rumo ao pequeno e, por outro lado, rumo ao grande, tanto em plano metafísico quanto em plano sensível, de acordo com a *tradição indireta*. Seja isso verdade, as relações de oposição dos gêneros categoriais superiores – como identidade e diversidade, igualdade e desigualdade, quietude e movimento, semelhança e dessemelhança, por exemplo – também devem ser fixadas pela mistura dos princípios supremos, com a prevalência do Uno-Bem nos primeiros termos e com a prevalência da Díada-Mal nos segundos termos[172]. Não por outro motivo, diz Gaiser:

---

171. Esse passo está em consonância com a parte introdutória do diálogo *Parmênides*, na qual Platão afirma que a unidade não pode ser pensada sem a pluralidade e a pluralidade não pode ser pensada sem a unidade.
172. KRÄMER, H. *La nuova immagine di Platone*. Napoli: Bibliopolis, 1986, pp.20-21.

(...) a gradação hierárquica nas esferas do ser — das Ideias às aparências — é compreendida na relação tensional entre os Princípios. A mesma coisa vale para a oposição dos valores (ou axiológica: *arete/kakia*), para a oposição lógico-formal ou categorial (identidade/diferença) e para outras relações de oposição ilustradas a seguir.[173]

Oposição	Primeiro Princípio	Segundo Princípio
1. ontológica	Ser	Não-ser
2. lógico-formal (categorial)	Identidade Unidade Igualdade Ser-em-si Limite Forma Indivisibilidade	Diferença (diversidade) Multiplicidade Desigualdade Relatividade Extensão Informe Divisibilidade
3. dos valores (axiológica)	Bem (arete) Ordem	Mal (kakia) Desordem
4. cosmológica	stasis: quietude, estabilidade Vida/Divindade Demiurgo: criação pré-ordenada	kinesis: movimento, mudança Morte/ser mortal ananke: necessidade sem regra
5. psicológica (teorético-cognoscitiva)	nous- episteme logos: relativo às Ideias	doxa — aisthesis epithymia: afetos impulsivos ligados ao corpo.

---

173. GAISER, K. *La dottrina non scritta di Platone*. Milano: Vita e Pensiero, 1994, pp. 24-25 (Fig. 2).

CAPÍTULO III

> Tudo o que é bom é delimitado, ordenado, estável... o que não é bom é disforme, desigual, desordenado.

Ao que tudo indica, então, o "mal" da Díada do grande-e-do-pequeno decorre, isso sim, das suas diversas funções – em oposição ao primeiro princípio – em plano ontológico, lógico-formal, axiológico, cosmológico, e psicológico, tal como sugerido por Gaiser, e não de uma tardia concepção cristã (do Mal no sentido de "maldade"). Portanto, ao que parece, a Díada é mal porque é Não-Bem, isto é, contém em si mesma a profusão de elementos que, em um dado momento da composição dos cosmos, sofrem a intervenção ordenadora da Idéia de Bem.

Vejamos agora em que medida as diversas novidades introduzidas no platonismo pelo *corpus* da *tradição indireta* podem lançar luz sobre o tema da demiurgia no *Timeu* de Platão.

CAPÍTULO IV

O DEMIURGO NO TIMEU
À LUZ DAS LIÇÕES DOUTRINAIS

> Uma breve recapitulação da influência do
> *Timeu* na história da filosofia ocidental e
> o porquê de enfrentá-lo uma vez mais

O *Timeu* é considerado por boa parte da fortuna crítica dedicada a Platão, o mais lido e um dos mais influentes de todos os diálogos escritos pelo filósofo. É sabido, por exemplo, que um particular interesse por esse texto parece ter sido notado já entre os discípulos da Primeira Academia e que seu influxo se fez sentir – com grande intensidade ao que tudo indica – entre vários filósofos e comentadores do médio-platonismo, do neoplatonismo e da filosofia dos Padres da Igreja[174]. Por quase toda a Idade Média, além disso, o *Timeu* foi, por antonomásia, a manifestação do pensamento platônico e dele, como se sabe, alguns pensadores extraíram uma série de categorias e de eixos teóricos fundamentais para o desenvolvimento de suas próprias doutrinas e, por via de consequência, para o fortalecimento dos

---

174. REALE, G. *Para uma nova interpretação de Platão*. São Paulo: Ed. Loyola, 1997, p. 437.

princípios filosófico-religiosos próprios do cristianismo[175]. Pouco depois, no Renascimento, Rafael registrou de forma emblemática a importância daquele texto no famoso quadro *Escola de Atenas*, no qual Platão ostenta o *Timeu* ao lado do célebre discípulo Aristóteles. A julgar também pelo número de traduções e comentários críticos modernos, o diálogo não parece ter perdido força nos séculos mais recentes e seus enigmas continuam a desafiar os estudiosos da filosofia e da teologia ainda hoje[176].

Não obstante a rica história das interpretações do *Timeu* – um tanto quanto intimidadora, vale dizer –, resolvi enfrentá-lo nessa obra por um motivo tão simples quanto arriscado: apresentar o tema da demiurgia, sob a perspectiva das categorias filosóficas e do instrumental exegético aduzidos do Novo Paradigma de Platão. Minha intenção ao escolher o *Timeu* é tão-somente a de verificar a capacidade clarificadora e a legitimidade exegética do novo critério de interpretação, a partir de um problema amplamente conhecido pelos especialistas e já tratado sob diversos matizes. Entretanto, é preciso registrar que não pretendo operar aqui uma "revolução copernicana" no estudo do *Timeu*, ou apresentar um estudo marcado, em toda a sua extensão, pela originalidade (assim como não pretendo fazer do *Timeu* um mero *escrito de propaganda* dos recursos criados por *Tübingen-Milão*). Desse modo, parto da letra do diálogo para tentar apontar-lhe as soluções, tendo nos recursos recém-oferecidos aos pesquisadores não um fim em si mesmo, mas, o que eles de fato devem ser, um meio, uma ferramenta. Não queria forçar a leitura do *Timeu* dentro de um

---

175. Segundo Taylor, o *Timeu* foi o único texto da tradição clássica verdadeiramente conhecido até o século XIII, século em que as obras de Aristóteles foram traduzidas e estudadas. TAYLOR, A.E. *Plato: the man and his work*. London: Methuen (University Paperbacks), data, p.436.
176. CHERNISS, H. "Lustrum", 1959, pp. 208-227; BRISSON, L. "Lustrum", 1983, pp. 295 ss.

CAPÍTULO IV

arcabouço interpretativo que lhe fosse estranho simplesmente para justificá-lo ou defendê-lo a todo custo, violentando o texto. Assim, e é preciso reforçar esse ponto, se aqui me refiro ao estudo do *Timeu* como um "estudo de caso", isso absolutamente não significa que eu o tenha escolhido como mero pretexto para impor como certa a proposta exegética de uma dada escola.

Sobre a profusão de temas contidos no diálogo e a necessidade de delimitar o foco da pesquisa

Como se sabe, o diálogo *Timeu* é longo e encerra uma vasta e variada profusão de temas – que perpassa desde a astronomia, a geometria (estereometria) e a psicologia até a biopatologia, a psicopatologia, a terapêutica platônica das proporções e a histologia, entre outras coisas[177]. Obviamente, não temos a intenção de tratar de todos esses temas ou sequer da maior parte deles. Nosso esforço tem objetivo claro e bem delimitado: a compreensão do papel exercido pelo Demiurgo no diálogo em questão. Portanto, nossa estratégia exige que, da totalidade dos argumentos expostos no diálogo, evoquemos tão-somente aqueles essenciais tanto para o entendimento das operações exercidas pelo deus-artífice quanto para a explicitação dos eixos teoréticos que as sustentam.

Sobre os personagens do Timeu

Três são os interlocutores de Sócrates nas discussões do *Timeu*: Crítias, Timeu e Hermócrates – uma quarta pessoa de nome desconhecido é citada no prólogo do diálogo, mas dele não

---

[177]. Mais da metade do diálogo é composta por considerações a respeito da constituição e formação do corpo humano.

toma parte por causa de mal súbito[178]. Platão descreve Timeu, que dá nome ao diálogo, como um bem-nascido cidadão de Locri, sul da Itália, proveniente de família abastada e dotado de notáveis conhecimentos filosóficos, políticos e astronômicos, com especial aptidão para lidar com assuntos relacionados à natureza do universo[179]. Não obstante isso, não parece haver evidências históricas de que um tal Timeu tivesse de fato existido. Alguns estudiosos supõem que Platão o tenha inventado porque precisava de uma figura eminente tanto em filosofia e ciência quanto em política para preencher uma lacuna estrutural do diálogo – o que, não fosse por motivos cronológicos, talvez pudesse ter sido feito por Archytas ou por Philolau que tinham talentos semelhantes aos exibidos por Timeu[180]. O Crítias do diálogo, por sua vez, não deve ter sido o mesmo que fez parte do governo oligárquico dos *Trinta Tiranos* (404-403 a.C.). Ele mesmo nos informa no diálogo que tinha apenas dez anos quando ouviu de seu avô de noventa anos, amigo de Sólon, a história de Atlântida e dos proto-atenienses[181]. Além disso, ele se refere à sua infância como um tempo passado há muito, fato que sugere fortemente tratar-se na verdade do bisavô do próprio Platão, avô do Crítias tirano. Já Hermócrates é identificado pelos estudiosos como o siracusiano que derrotou a armada ateniense na Sicília por volta de 415-413 a.C. Sócrates faz elogiosa referência à sua reputação e à sua formação que estaria à altura dos assuntos que então

---

178. *Timeu*, 17a.
179. *Timeu*, 20a e 27a.
180. Ademais, lembra Cornford, um homem com tais conhecimentos deveria ter deixado traços de sua participação na história da política ou da filosofia de seu tempo, o que, ao que tudo indica, não ocorreu. CORNFORD, F.M. *Plato's Cosmology: The Timaeus of Plato*. Indianapolis/Cambridge: Hackett Publishing Company, 1997, p.p. 2-3 (Introduction). Ver também TAYLOR, A.E. *Op. Cit.* p.436.
181. *Timeu*, 21b.

passariam a discutir[182]. É inútil tentar resolver o problema da identidade daquele que seria o quarto interlocutor de Sócrates no *Timeu*. Alguns conjecturam que ele faria parte do grupo de hóspedes vindo da Itália e da Sicília, dado que Sócrates pergunta a Timeu pelo amigo ausente[183]. Talvez, como quer Cornford, ele tenha sido posto ali como um personagem a ser acionado caso fosse necessário estender o plano original traçado no *Timeu* para outro diálogo além do *Crítias* e do *Hermócrates*[184].

Sobre as partes que compõem o Timeu e seus propósitos fundamentais

O *Timeu* pode ser dividido em três partes complementares e sistematicamente dispostas. Na primeira delas[185], Sócrates faz uma síntese da doutrina político-teórica que ele diz ter sido o principal tema da sua exposição levada a cabo no dia anterior àquele a que agora o colóquio se desenrola e manifesta o desejo de ver tal doutrina em movimento (aplicada à realidade concreta); num segundo momento[186], Crítias narra o famoso mito sobre a Atlântida e sobre os proto-atenienses; por fim[187], Timeu faz o seu discurso cosmológico, ocasionalmente entremeado pelas palavras de Sócrates, até o final do diálogo.

Vários estudiosos defendem a tese de que a síntese feita por Sócrates no início do prólogo do diálogo seja uma recapitulação, à guisa de estratégia, de alguns passos desenvolvidos na *República* – e que isso, por si só, seria prova suficiente de que o *Timeu* viria

---

182. *Timeu*, 20b.
183. *Timeu*, 17a.
184. CORNFORD, F.M. *Op. Cit.* p. 3.
185. *Timeu*, 17a-20c.
186. *Timeu*, 20e-26e.
187. *Timeu*, 27c-92c.

imediatamente depois dela[188]. Entretanto, Cornford observou que uma tal convicção estaria errada por diversas razões, entre as quais destacamos[189]: a) se a *República* inaugurasse mesmo a série de diálogos composta por *Timeu, Crítias* e *Hermócrates*[190] uma tal recapitulação seria desnecessária, dado que seu conteúdo estaria suficientemente tratado na própria *República* (que nesse caso, então, serviria também de prólogo ao primeiro diálogo daquela trilogia); b) o discurso inicial de Sócrates é por demais lacônico – se restringe a parte dos temas desenvolvidos entre os livros I e V da *República* – e parece não dar conta dos principais elementos desenvolvidos na *República* (analogia entre a alma e a estrutura do Estado, a discussão acerca das virtudes individuais e das virtudes do Estado), supostamente fundamentais para a temática do *Timeu*; c) o diálogo travado na *República* se dá, ao que tudo indica, na festa em homenagem às Bendideias, no mês de *Thargelion* (junho), e diversamente disso, da coordenação de pelo menos quatro passagens do *Timeu*[191] pode-se concluir que o diálogo ocorre num festival em homenagem à Atena (festival que não acontecia, sempre segundo Cornford, naquele mês)[192]. Com tais argumentos, Cornford sustenta que as discussões da *República* e do *Timeu* ocorreram em datas dramáticas diferentes e que,

---

188. Na fala de Sócrates são evocados os seguintes temas que também aparecem na *República*: a especificidade do trabalho exercido por cada indivíduo, de acordo com a aptidão natural de cada um, o estatuto das mulheres na *pólis* e a eugenia. BRISSON, Luc. Platon: *Timée/Critias*. Traduction inédite, introduction et notes par Luc Brisson. Paris: Flammarion, 1999, p. 10 (Introduction). REALE, G. *Op. cit.* p. 439.
189. CORNFORD, F.M. *Op. Cit.* pp. 4-8.
190. Platão teria planejado essa ambiciosa trilogia entre os seus sessenta e setenta anos de idade. Dela, como se sabe, apenas o *Timeu* foi terminado – o *Crítias* termina numa frase incompleta e o *Hermócrates* não foi escrito. BRISSON, Luc. *Op. Cit.* p. 9. CORNFORD, F.M. *Op.Cit.* p. 1.
191. *Timeu*, 21a, 21e, 23d-e, 26e.
192. Brisson discorda de Cornford. BRISSON, L. *Op. Cit.* p. 71.

portanto, a fala inicial de Sócrates, ainda que evoque temática semelhante à da *República*, independe de qualquer outro texto e que o papel dela ali é tão-somente o de fazer com que o leitor identifique os cidadãos do Estado ideal com os proto-atenienses do discurso de Crítias e, por via de consequência, para apontar e aclarar o curso posterior do próprio *Timeu* e da trilogia da qual esse diálogo seria o primeiro elemento[193]. Independentemente disso, porém, vale ressaltar que mesmo com seu singular parecer sobre a data dramática do diálogo e sobre o estatuto do discurso inicial de Sócrates no *Timeu*, Cornford compõe o grupo de estudiosos que consideram esse diálogo pertencente ao grupo dos últimos textos escritos por Platão (o que ademais parece mesmo ser uma convicção comum entre os modernos platonizantes)[194].

Na segunda parte do diálogo, Crítias tenta atender ao pedido de Sócrates – desejoso de ver em movimento a legislação e o modelo de cidadãos aduzidos da doutrina política discutida entre eles no dia anterior – e reproduz uma narrativa antiquíssima que diz ter ouvido de seu avô de mesmo nome, que por sua vez a ouviu de Sólon de quem esse último era amigo. A história teria sido contada por um sacerdote egípcio numa visita que o legislador fez àquele país: a história de um evento que ocorreu "há nove mil anos" do tempo de Sólon e que só pôde ser registrado pelos orientais porque às margens do Nilo as intempéries naturais não chegavam a impedir a perpetuação de eventos ocorridos em épocas remotas – o que não acontecia entre os helenos, "sempre crianças"[195], que cedo ou tarde tinham suas vidas e feitos destruídos, seja por obra de incêndios catastróficos

---

193. *Timeu*, 26c-d. Para Taylor o mito de Atlântida está mais para um prólogo do *Crítias* do que do *Timeu* propriamente dito. TAYLOR, A.E. *Op. Cit.* p.440.
194. CORNFORD, F.M. *Op. Cit.* p. I. TAYLOR, A.E. *Op. Cit.* p.436.
195. *Timeu*, 22b-c.

seja pela ação de torrentes de água ou por outras mil causas menores[196]. Dentre os eventos registrados sobre a pré-história de Atenas, o velho sacerdote egípcio escolhe narrar aquela que, segundo ele, sobrepuja as outras em heroísmo e importância: a vitória dos proto-atenienses sobre um vastíssimo império, cujo poder irradiava da Ilha de Atlântida. Para Crítias, o relato do sacerdote sobre as qualidades dos proto-atenienses e do modelo político que cultivavam – esse último, dado que os dois povos foram instruídos pela mesma divindade, fragmentariamente presente na civilização a que pertence o próprio sacerdote[197] – coincide de forma surpreendente com o modelo de cidade e de moradores excogitados na conversa que tivera com Sócrates no dia anterior. O parecer favorável de Sócrates ao julgamento de seu interlocutor revela, então, o rumo a ser seguido pelo resto do diálogo e pelas duas outras obras planejadas para a sequência. Eis o plano geral traçado por Platão[198]: um primeiro discurso será feito pelo especialista Timeu (versado em astronomia e em cosmologia): ele começará com o nascimento do mundo e terminará com a natureza do Homem; depois, tendo recebido de Timeu a descrição sobre a origem dos Homens e de Sócrates uma porção daqueles Homens educada por ele, Crítias fechará os trabalhos com um discurso sobre os seus feitos e suas leis, tal como se fossem, de fato, os proto-atenienses da história de Sólon. Taylor se vale dessa passagem para defender a legitimidade da seguinte ordem lógica dos diálogos: *Timeu*, *República* e *Crítias*. Para ele, só a *República* discute expressamente a questão do método educacional e, portanto, só ela poderia mediar, tal como estabelecido no plano de Crítias, a passagem entre aqueles

---

196. *Timeu*, 22c-23d.
197. *Timeu*, 24a-24c.
198. *Timeu*, 27b.

CAPÍTULO IV

outros dois diálogos[199]. Cornford, ao contrário, defende que a fala de Platão apenas sugere um maior interesse seu por temas morais e políticos e um menor no que diz respeito à especulação cosmológica; por isso, diz Cornford, não há motivo para supor que a trilogia (incompleta) pensada por Platão não seja mesmo composta por *Timeu*, *Crítias* e *Hermócrates*[200]. Ressalvada essa polêmica, os estudiosos em sua maioria parecem admitir que o *Timeu* seja mesmo uma espécie de prefácio cosmológico que, em plano macrocósmico, inicialmente, deve corresponder logicamente às estruturas da sociedade política e dos cidadãos que Platão planeja progressivamente "transferir para a realidade dos fatos"[201] em diálogos subsequentes. Seja verdadeira ou falsa a opinião segundo a qual Platão evocou no prelúdio do *Timeu* uma doutrina plenamente exposta na *República*, parece-nos razoável supor que ele tenha concebido a possibilidade de, num só programa geral, tratar dos pressupostos cosmológicos fundadores de toda a estrutura do universo e, ao mesmo tempo, de superar a imagem idealizada e utópica do Estado – tal como admitida pelo próprio Platão na parte final da *República*[202] – e de colocá-lo em movimento (o que talvez fosse feito no *Hermócrates* ou, como querem alguns, tenha sido feito nas *Leis*[203]). Para Cornford,

> (...) todo o movimento [do *Timeu*] começa de um mundo ideal do Demiurgo a das Formas eternas, descendo para a constituição do universo visível e da natureza humana (...).

---
199. TAYLOR, A.E. *Op. Cit.* p. 440.
200. CORNFORD, F.M. *Op. Cit.* p. 20. Luc Brisson também defende a trilogia *Timeu*, *Crítias* e *Hermócrates* – a origem do universo, do homem e da sociedade, respectivamente – amparado pelas passagens 19b e 20d do primeiro desses diálogos. BRISSON, L. *Op. Cit.* p. 10.
201. *Timeu*, 26c-d.
202. *República*, 592b.
203. CORNFORD, F.M. *Op. Cit.* p. 7.

Olhando mais profundamente, vemos que o principal propósito da introdução cosmológica [do diálogo] é unir a moralidade revelada na sociedade ideal a toda organização do mundo.[204]

A moralidade da qual Cornford fala, destarte, deve decorrer de uma ordem e de uma harmonia que, a iniciar pelo cosmos, é proporcional e harmonicamente compartilhada pelo mundo e pelo homem. Nesse sentido, a natureza humana, a *pólis* e o cosmos são elementos que, ora em projeção macrocósmica ora em microcósmica, se sustentam pelos mesmos princípios e regras de composição.

Sobre o peculiar modo de construção do diálogo

No *Timeu*, tão evidente quanto a proporção harmônica entre cosmos, mundo e natureza humana, é a obstinada preocupação de Platão em reafirmar o estatuto *probabilístico* do discurso cosmológico que o livro encerra. Reiteradas advertências dessa natureza são feitas no corpo do diálogo e a exigência de se fazê-las decorre, segundo o próprio filósofo, da condição em que se encontra o objeto que motiva toda a exposição[205]. Como se sabe, Timeu faz um discurso sobre as coisas que devêm, sobre as coisas que estão sujeitas à inexorável ação do tempo, da corrupção e da instabilidade[206]. Se, como quer Platão, a palavra deve se assemelhar ao que ela exprime, é preciso então encontrar o meio de expressão mais apropriado para aquelas coisas, um discurso que, irmanado com seu objeto, possa se aproximar o mais possível dele e, por via de consequência, dizê-lo da forma mais apropriada possível. Nesse ponto, Platão se vê diante da

---

204. *Id.* p. 6.
205. *Timeu*, 29d, 30b, 48d, 53d, 56b, 57d, 59c, 68d, 72d.
206. *Timeu*, 29c-d.

difícil tarefa de conceber uma exposição que, a um só tempo, não seja um mero "conto de fadas"[207], mas que seja, no limite de sua natureza constitutiva, semelhante a um discurso científico (estabelecendo assim uma fecunda passagem do que poderia ser inicialmente um simples *mitema* e um autêntico *filosofema*). No caso em tela, o filósofo certamente não poderia optar pelo emprego de um discurso fixo, imóvel e estável (pois não são essas as características do cosmos, objeto do discurso). Ele estava ciente de que uma exposição sobre corpos sensíveis – os quais continuamente variam e mudam – não pode ser senão aproximativa, a meio caminho entre uma mera opinião e um conhecimento científico plenamente objetivo[208]. Ao insistir no caráter provisório do discurso cosmológico do Timeu, Platão ressalta que nele, no limite, estão conciliadas, segundo o método da verossimilhança, "a necessidade com a probabilidade"[209]. Nada mais poderia ser feito a não ser isso. A natureza do objeto sobre o qual vai se debruçar obriga o filósofo a compor um discurso que, em si mesmo, não pode ser nem verdadeiro nem falso, mas provável[210]. Não por outra razão, a opinião de Taylor se harmoniza com a ressalva platônica quando diz, sobre o discurso do Timeu, que o pesquisador da *physis* deve estar sempre ciente de que mesmo buscando estabelecer os resultados mais precisos, eles estão sempre sujeitos a um melhoramento[211]. Eis um trecho fundamental do diálogo no qual essa provisoriedade do discurso cosmológico é justificada:

---

207. TAYLOR, A.E. *Op. Cit.* p. 441.
208. *Id.* p. 441.
209. *Timeu*, 59c e 53d.
210. BRISSON, L. *Op. Cit.* p. 11.
211. TAYLOR, A.E. *Op. Cit.* p. 441.

(...) em se tratando de uma imagem e seu modelo (*perì te eikónos kaì perì toû paradeígmatos*), é preciso reconhecer que os discursos são da mesma ordem das coisas que eles exprimem. Portanto, convém que o que é estável e firme e que se manifesta mediante a inteligência seja estável e imutável (*monímou kaì bebaíou kaì meta voû kataphanoûs monímous kaì ametaptótous*) – tanto quanto é possível e o permite sua natureza serem os discursos irrefutáveis e inabaláveis, nem mais nem menos. Mas, se apenas exprimem o que foi copiado do modelo, uma simples imagem, são por sua vez, verossímeis e proporcionais aos primeiros. De fato, o que a essência é para a geração, a verdade é para a crença (*pròs génesin ousía, toûto pròs pístin alétheia*).

Por esse motivo Sócrates, se depois de tantas coisas ditas a respeito dos deuses e da origem do universo não chegarmos a apresentar uma explicação exata em todas as minúcias e coerente consigo mesma, não te surpreendas. Dar-nos-emos por satisfeitos se a nossa não for menos plausível que as demais, recordando-nos de que eu que falo e vós, meus juízes, somos apenas homens, razão de sobra para aceitarmos, em semelhante assunto, o mito [a narração] mais verossímil (*tòn eikóta mython*), sem pretendermos ir além.[212]

Note-se, que o tema da fragilidade do escrito é entrevisto, também nesse trecho, de forma alusiva. Platão se conforma com o fato de que o discurso proferido pelo homem, inclusive aquele sobre os seres eternos, é em grande medida limitado pela própria condição humana. Essa hierarquia dos discursos – associada à natureza mais ou menos elevada dos objetos sobre os quais versam –, tal como vimos, é tratada de forma bastante mais explicita na parte final da *Carta VII* [213] e talvez seja possível aduzi-la como recurso acessório de reforço à tese segundo a qual

---

212. *Timeu*, 29b-d.
213. *Carta VII*, 343a.

CAPÍTULO IV

Platão reservou para a oralidade as *timiótera* e as *mégista* do seu pensamento. O próprio Cornford à sua época observou que a dificuldade que Platão alega sobre encontrar o autor e pai do universo e a impossibilidade de falar dele a todos decorre tanto das insondáveis operações de composição dos cosmos quanto do receio do filósofo de pôr no escrito algumas de suas mais importantes soluções – que estariam sujeitas à toda sorte de incompreensão –, tal como registrado naquela *Carta*[214]. Tudo considerado – natureza transitória e fugidia do universo, limites da condição humana e fragilidade comunicativa da palavra escrita – o discurso cosmológico do *Timeu* não poderia mesmo ser mais do que uma narrativa verossímil.

O tema da demiurgia em Platão e o Novo Paradigma

Há quem considere que a teoria do Demiurgo foi praticamente eliminada, ou reduzida a um papel insignificante, no contexto do Novo Paradigma de Platão. Para Reale, isto se deve a:

> (...) uma errônea convicção de que a reconstrução filosófica das 'Doutrinas não-escritas' da *Escola de Tübingen* não possa concordar com a teoria do Demiurgo, e que a estrutura dedutiva da protologia platônica, como foi reconstruída por Krämer e por Gaiser, tenda a uma forma de imanentismo (que se mostra estreitamente ligado à assim chamada 'metafísica alemã').[215]

Ora, fosse de fato "imanentista" ou "emanacionista", é provável que a figura do Demiurgo na protologia platônica pensada por *Tübingen-Milão* tivesse mesmo seu papel reduzido a mera figuração simbólica. Entretanto, eis um trecho escrito por

---

214. CORNFORD, F.M. *Op. Cit.* pp. 26-27.
215. REALE, G. *Op. Cit.* p. 375.

Krämer, no qual o tubinguese toma posição em tudo diversa daquela "imanentista" quanto ao sistema protológico-platônico pensado por ele:

> Em geral, se trata de uma relação ontológica de derivação na qual o grau mais alto possui sempre um *prius* ôntico em relação àquele mais baixo (*proteron-husteron physei*) e na qual, para dizer com formulação platônica, o primeiro pode ser ou ser pensado sem o segundo, mas não, vice-versa, o segundo sem o primeiro (*sunanairein kai mé sunanareistai*). Tem-se, então, uma relação de dependência unilateral não reversível na qual, todavia, o plano mais alto oferece apenas condições necessárias, mas não também suficientes para o plano sucessivo.[216]

Uma tal formulação deve ampliar as possibilidades estruturais de ação do Demiurgo e não reduzi-las a uma mitologia do imanentismo platônico (pois, nesse caso, "o Demiurgo se insere exatamente como mediador entre o plano inteligível e o sensível, já que o plano do inteligível é necessário, mas não suficiente para gerar o sensível"[217]). É verdade que a doutrina da demiurgia em Platão não figura entre os temas centrais ligados à tentativa de reconstruir o conteúdo objetivo das *ágrapha dógmata* (pois foi, ao menos em grande parte, confiada à escrita, além de não figurar no catálogo da *tradição indireta*). No entanto, ainda que a teoria do Demiurgo não componha o cerne de fundamentação teórica do Novo Paradigma hermenêutico, ela se apresenta como um problema que pode ser articulado de diferentes modos pelos estudiosos que, como nós, pretendem verificar as possibilidades ventiladas por ele. Trata-se, então, de diferenciar aquilo que é essencial para a formulação de um novo

---

216. KRÄMER, H. *Platone e i fondamenti della metafisica*. Milano: Vita e Pensiero, 2001, p. 164.
217. REALE, G. *Op. Cit.* p. 377.

aparato interpretativo – nesse caso, a *tradição indireta* e os *passos de omissão* dos diálogos de Platão, por exemplo – daquilo que pode ser resolvido mediante a adoção das ferramentas desenvolvidas por ele, isto é, daquilo que contribui apenas indiretamente para a reafirmação (ou questionamento) daquele aparato. Por isso mesmo, ainda que não componha o eixo de sustentação das propostas hermenêuticas de *Tübingen-Milão*, tanto o problema do Demiurgo quanto o problema da conexão entre os vários planos hierárquicos da cosmologia platônica que ele traz devem poder ser lidos sob nova perspectiva e a partir de articulações diversas daquelas desenvolvidas pelos paradigmas anteriores.

Sobre os axiomas metafísicos que sustentam toda a argumentação do Timeu

Não obstante ser reconhecido pelo próprio autor como um *mito verossímil*[218], o discurso do *Timeu* é uma representação do cosmos fundamentalmente científica e creio que deve ser lida como tal. Nesse texto, Platão desenvolve uma representação rigorosa do universo físico fundada sobre um conjunto de pressupostos axiomáticos – do qual as propriedades do cosmos aparecem como consequências deduzidas logicamente – e demonstra como tais pressupostos devem igualmente valer para a concepção e ordenação do mundo e do homem[219]. Desses axiomas fundadores da cosmologia platônica – verdadeiramente centrais para uma ideal compreensão das competências atribuídas à inteligência demiúrgica –, quatro parecem ser os mais importantes e são enunciados por Timeu no início da sua narrativa. Eis o trecho no qual são apresentados:

---

218. *Timeu*, 29d.
219. BRISSON, L. *Op. Cit.* p. 13.

A meu parecer, será preciso, de início, distinguir o seguinte. Em que consiste o que sempre existiu e nunca teve princípio (*tì tò òn aeí, génesin dè ouk ékhon*)? E em que consiste o que devém e nunca é (*tì tò gignòmenon mèn aeí, òn dè oudépote*)? O primeiro é apreendido pelo entendimento com a ajuda da razão (*noései metà lógou perileptón*), por ser sempre igual a si mesmo (*aeì katà tautà ón*), enquanto que o outro o é pela opinião, mediante a percepção sensorial irracional (*dóxei met'aisthéseos alógou doxastón*), porque nasce e morre sem nunca ser verdadeiramente (*gignómenon kaì apollýmenon, óntos dè oudépote ón*). Ademais, tudo o que nasce ou devém é gerado necessariamente por uma alguma causa (*hyp'aitíou tinòs*); de fato, é impossível que as coisas sejam geradas sem causa (*adúnaton khorìs aitíou génesin skheîn*). Quando o artífice (*demiourgòs*) trabalha em sua obra, olhando para o que sempre se conserva igual a si mesmo (pròs tò katà tautà ékhon blépon aeí), e lhe transmite a forma e a virtude (*tèn idéan kaì dúnamin*) desse modelo, é natural que seja belo tudo o que ele realiza; ao contrário, se ele se fixa no que devém (*eis gegonós*) e toma como modelo algo sujeito ao nascimento, nada belo poderá criar.[220]

De acordo com o texto, então:
a) há um ser que é sempre, estável, permanente, que **não** está sujeito ao nascimento e ao devir e que é **apreendido pelo entendimento com a ajuda da razão**;
b) há um ser que nunca é, que vem-a-ser, que está sujeito à geração e a mudança e que é objeto de opinião porque captado pela percepção sensorial (que não é razão)[221];
c) tudo aquilo que vem-a-ser depende de uma causa geradora, sem a qual não pode existir uma causa eficiente que produza a geração; e

---

220. *Timeu*, 27d – 28b.
221. Sobre a percepção sensorial irracional, ver CORNFORD, F.M. *Op. Cit.* p. 24.

d) o artífice (demiurgo) produz a partir de modelos. Se são modelos que permanecem sempre iguais a si mesmos (que são sempre), o que o artífice produz é inteiramente belo; ao contrário, caso sejam modelos causados (gerados), o que produz não é belo.

Fica claro, então, que o trabalho do artífice enquanto causa eficiente está, para Platão, intimamente condicionado ao modelo para o qual previamente dirige o seu olhar ou, mais especificamente, ao estatuto ontológico (ao grau de ser) desse modelo. A beleza do que é produzido – do que é gerado – depende fundamentalmente da *permanência* do modelo utilizado pelo construtor. Por isso, fixados aqueles fundamentos axiológicos, resta estabelecer se o mundo, objeto sobre o qual versa o diálogo, é um ser que é sempre e que nunca devém – que se pode apreender pelo entendimento –, ou se é algo sujeito ao vir-a-ser, uma realidade gerada, objeto de opinião (e, seja esse o caso, gerada a partir de qual tipo de modelo). Sobre esse ponto, eis o discurso que Platão põe na boca de Timeu:

> Quanto ao céu e ao mundo, ou se preferirem outro nome mais apropriado, é preciso considerar, antes de qualquer coisa, o que importa no início de qualquer estudo: se existiu sempre e nunca teve princípio de geração (*póteron ên aeí, genéseos arkhèn ékhon oudemían*), ou se nasceu nalgum momento e teve começo (*gégonen, ap'arkhês tinos arksámenos*).
>
> Ele foi gerado (*gégonen*), pois é visível, tangível e dotado de corpo (*horatòs gàr haptós té estin kaì soma ékhon*); todas elas coisas sensíveis (*aisthetá*). Ora, conforme já vimos, tudo o que é sensível e pode ser apreendido pela opinião com a ajuda da sensação (*dóxei perileptà met'aisthéseos*) está sujeito ao devir e ao nascimento (*gignómena kaì gennetá*). E afirmamos ainda que o que devém só é gerado por efeito de alguma causa (*hyp'aitíou tinòs*). Mas quanto ao autor e pai deste universo (*tòn poietèn*

kaì patéra) é tarefa difícil encontrá-lo e, uma vez encontrado, impossível falar dele a todos (*toû pantòs heureîn te érgon kaì heutónta eis pántas adúnaton légein*).

E isto se deve indagar sobre o universo: olhando para qual dos modelos (*tôn paradeigmáton*) o autor o realizou? Para o imutável e sempre igual a si mesmo ou para o que está sujeito à geração (*póteron pròs tò katà tautà kaì hosaútos ékhon è pròs tò gegonós*)? Ora, se esse mundo é belo (*kalós estin hóde ho kósmos*) e se o Artífice é bom (*demiourgòs agathós*), evidente que Ele olhou para o modelo eterno (*délon hos pròs tò aídion éblepen*); e se, ao contrário, o Artífice não é tal, o que nem se poderá mencionar, então olhou para o exemplar gerado (*pròs gegonós*). Mas é claro para todos que Ele contemplou o modelo eterno (*pròs tò aídion*). De fato, entre as coisas geradas não há o que seja mais belo (*kállistos tôn gegonóton*) que o mundo, sendo o seu Artífice a melhor das causas (*áristos tôn aitíon*).[222]

Para Platão, dado que as coisas que constituem esse mundo são sensíveis e perceptíveis com os sentidos, então, elas também estão no devir e foram geradas (alínea b). Como foram geradas, o foram por uma causa eficiente (alínea c) e, na medida em que o mundo é a mais bela das coisas geradas, o seu Artífice – sua causa eficiente – necessariamente voltou o olhar para um modelo eterno, para uma realidade permanente (alínea d). E por ser o mundo a mais bela de todas as realidades causadas, o seu Artífice é, *a fortiori*, o melhor de todos os Artífices, pois em plano ontológico inferior reproduziu o belo-em-si de seu modelo eterno, imitando-o na medida em que isso foi possível. De acordo com Platão, portanto, o mundo físico é uma realidade gerada por um Demiurgo inspirado pela visão de um plano supra-sensível, eterno e imutável, um mundo que é "imagem de algo" (*eikóna*

---

222. *Timeu*, 28b-29a.

CAPÍTULO IV

tinòs eînai)²²³ sempre idêntico a si mesmo; como diz Cornford, um reino do que vem-a-ser, e não um reino do próprio ser²²⁴. Uma realidade do provável, de um mundo de julgamentos baseados em meras percepções sensíveis e sobre o qual não se pode formular mais do que discursos prováveis.

Mas antes de passarmos ao próximo tópico, é importante sublinhar um ponto central da argumentação do *Timeu*: Platão não diz em nenhum momento que considera o tema da demiurgia sob o aspecto mitológico (considerado como narração provável). Como diz Reale:

> (...) a tese da necessária existência de uma Inteligência demiúrgica situa-se entre os quatro grandes axiomas metafísicos [supracitados], cuja verdade é inquestionável (...).²²⁵

É preciso reconhecer, dessa forma, a verdade de um discurso científico-metafísico – ainda que parcialmente limitado pela condição humana, como vimos – e, por outro lado, a razoabilidade de um discurso sobre o *kósmos* tomado em si mesmo (cópia de alguma coisa), sem que isso implique num juízo negativo sobre a efetividade de uma causa mediadora entre as duas ordens de ser que compõem o cosmos, personificada na figura do Demiurgo.

Sobre a polivalência funcional do Demiurgo

Na primeira parte do discurso cosmológico do *Timeu*, Platão descreve assim o Demiurgo:

> Ele era bom; e no que é bom não pode entrar inveja, seja qual for (*agathôi dè oudeìs perì oudenòs oudépote engígnetai phthónos*).
> Então, não tendo inveja, ele quis que, na medida do possível,

---
223. *Timeu*, 29b.
224. CORNFORD, F.M. *Op. Cit.* p. 23.
225. REALE, G. *Op. Cit.* p.445.

todas as coisas se assemelhassem a ele (*málista eboulêthe genésthai paraplésia heautôi*). Podemos admitir com a maior segurança a opinião dos homens sensatos de que este é o princípio mais válido do devir e da ordem do mundo (*genéseos kaì kósmou málist' án tis apkhèn kuriotáten*). Desejando, pois, que tudo fosse bom e, tanto quanto possível, isentas de imperfeições (*phlaûron dè medèn eînai katà dýnamin*), a divindade tomou o conjunto das coisas visíveis – nunca em repouso, mas em movimento discordante e desordenado (*ouk hesukhían ágon allà kinoúmenon plemmelôs kaì atáktos*) – e o fez passar da desordem à ordem, desde que considerou que a ordem é em tudo superior àquela (*eis táksin autò égagen ek tês ataksías, hegesámenos ekeîno toútou pántos ámeinon*).[226]

Para o nosso filósofo, o Demiurgo é um ser sem inveja, bom, e que deseja, no limite das possibilidades, que tudo seja semelhante a ele. Entretanto, pelo menos um motivo aponta para uma concepção não religiosa dele: nada indica que sua bondade decorra daquele sentimento que se opõe à "maldade pós-cristã" que Trabattoni quis enxergar na Díada do grande-e-do-pequeno[227]. O Demiurgo não é bom e sem inveja porque cria o Homem e o mundo a partir do nada, tal como alguns estudiosos – em geral, influenciados pelo Novo Testamento[228] – defenderam, mas, isso sim, porque na condição de "o mais válido princípio do devir e da ordem do mundo", impõe a ordem naquilo que, em princípio, encontra-se desordenado, fazendo com que as coisas, por meio de ordenação, a ele se assemelhem. Ademais, Platão salienta que a ação produtiva do Demiurgo implica numa passagem do imperfeito ao perfeito (ao menos na medida em que isso é possível). Assim, na esfera ontológica dos seres físicos,

---

226. *Timeu*, 30a.
227. TRABATTONI, F. *Oralidade e Escrita em Platão*. São Paulo: Discurso Editorial; Ilhéus: Editus, 2003, pp. 78-84.
228. TAYLOR, A. E. *Commentary on Plato's Timaeus*. Oxford, 1928, *passim*.

CAPÍTULO IV

ele é, a um só tempo, causa do belo, da ordem e da perfeição. Ora, basta uma tal conclusão para sentir a tentação de associar as operações demiúrgicas no plano das percepções sensórias às do Uno-Bem no plano metafísico das Ideias. Se bem me lembro, foi visto que o aspecto ordenador do Uno – incluindo-se aí, como é natural em Platão, as noções adjacentes de beleza e de perfeição – era, em linguagem prototípica, um elemento caracterizador do seu agir *henológico*. Vimos que uma das "valências" do Uno-Bem – que *Tübingen-Milão* extrai da aproximação entre a *tradição direta* e a *tradição indireta* de Platão – é exatamente a *axiológica*, ou seja, a que atribui ao Uno o fundamento e causa de toda ordem, harmonia e beleza (unidade na multiplicidade), "valência" verificada também no agir do Demiurgo.

Eis outra passagem do *Timeu* na qual o papel ordenador do Demiurgo se revela de forma ainda mais clara:

> Quando o universo começou a ser posto em ordem (*kosmeîsthai*), o fogo em primeiro lugar, a terra, o ar e a água já revelavam traços de sua própria natureza, mas se encontravam na condição em que é de esperar que esteja o que carece da presença de Deus (*ékhein hápan hótan apêi tinos theós*). Essas coisas, que então se encontravam desse modo, ele em primeiro lugar as configurou com formas e números.
>
> Que Deus tenha constituído essas coisas do modo mais belo e melhor possível (*kállista áristá*), o que não acontecia, também deve ficar firmemente estabelecido de uma vez por todas.[229]

A ausência do Demiurgo é ausência de ordem, de beleza e de perfeição, assevera nosso filósofo, e essa é uma convicção sustentada em todo o corpo do diálogo[230]. Nas palavras de Reale:

---

229. *Timeu*, 53b.
230. Ver, por exemplo, 52e-53a.

(...) diz-nos o *Timeu*, a ausência de Deus e da Inteligência implica que o princípio material permaneça em *des-ordem* e em *des-medida*; a sua presença, ao invés, implica ordem e medida (...). E justamente isso comporta beleza e bondade, enquanto beleza e bondade são ordem e medida.[231]

É certo que a ação do Demiurgo, assim como a do Uno-Bem, pressupõe um princípio material. Mas não trataremos dele ainda. É que restam outras "valências" atribuídas às operações demiúrgicas que causaram enorme confusão entre os estudiosos e que exigem um olhar mais atento.

Inspirado pelo modelo eterno das Formas supremas, o Demiurgo gerou a mais bela e perfeita realidade que se poderia imaginar. Essa realidade, ao contrário do que se pensou[232], é una – e não múltipla – porque foi construída a partir de um só reino inteligível que contem em si mesmo a totalidade das Ideias de tudo o que existe no mundo. Vejamos o texto:

> Estaríamos certos em falar de um céu (*héna ouranòn*), ou seria mais correto dizer que há muitos e até mesmo um número infinito deles (*polloùs kaì apeírous*)? Só haverá um, se ele foi construído de acordo com seu modelo (*héna, eíper katà tò parádeigma dedemiourgeménos éstai*). Pois, o que abrange todos os seres inteligíveis (*periékhon pánta hopósa voetá*) jamais poderá coexistir tendo um segundo ao seu lado (*meth'hetérou deúteron*); de outra forma, fora preciso admitir outro Ser Vivo que contivesse os dois e do qual eles seriam partes, não sendo lícito, então, dizer que nosso mundo fora feito à semelhança daqueles (*aphomoioménon*), mas de forma muito mais verdadeira à deste outro, que os abrange.[233]

---

231. REALE, G. *Op. Cit.* p. 473.
232. Aristóteles, *Metafísica*, A 9, 990b e Platão, *Parmênides*, 130b-166c.
233. *Timeu*, 31a-b.

CAPÍTULO IV

Uni-ficar para Platão, tal como se lê na *República*[234], é o mesmo que *de-terminar*, que por sua vez é condição *sine qua non* para a cognoscibilidade. O Demiurgo é, também ele, o causador de um só mundo material, uma só cópia sensível o mais possível semelhante à Ideia de mundo (ser vivente perfeito). É ele que confere existência a cada uma das coisas que compõem o universo, unificando-as e determinado-as. É óbvio que – devido à natureza do princípio material que o compõe, como veremos – o universo não pode conter seres de natureza igual às das substâncias eternas, indeléveis e perfeitas; contudo, sem a ação coercitiva do Demiurgo, a matéria de todos os seres estaria fadada a errar eternamente na mais completa *impermanência* e, por via de consequência, *incognoscibilidade*[235]. Nesse sentido, em suma, o Demiurgo é também causa do ser e do conhecer de cada uma das coisas copiadas da realidade inteligível. Um Artífice que, a um só tempo, compõe um cosmos sem arestas, sem faltas e sem excessos, o mais possível perfeito, belo e justo, determinado e uno. Eis um trecho emblemático a esse respeito:

> Desse modo, e com tais elementos, em número de quatro [terra, água, fogo e ar], foi formado o corpo do mundo e harmonizado pela proporção (*tò toû kósmou sôma egennéthe di'analogías homologêsan*), da qual recebeu a amizade (*philía*), de tal maneira que adquiriu unidade consigo mesmo, tornando-se incapaz de ser desfeito, a não ser pelo seu próprio construtor (*synelthòn áluton hypò tou állou plèn hypò toû syndésantos génesthai*).
>
> A estrutura do mundo absorveu tudo o que havia dos quatro elementos. O seu autor o construiu com todo o fogo, água, ar e terra existentes, sem deixar de fora nenhuma parte ou poder de algum deles, pois suas intenções ao fazê-lo eram

---

234. *República*, VI-VII.
235. *Timeu*, 50a-c.

as seguintes: primeiro, formar um animal que, como um todo, fosse tão perfeito quanto possível e feito de partes completas (*hína hólon hóti málista dzôion téleon ek teléon tôn merôn eíe*); depois, que fosse uno (*hén*), para que nada sobrasse para dar nascimento a outro mundo; por fim, que não ficasse velho ou doente (...). Por essa razão e assim considerando, ele construiu o mundo como um único todo, completo e livre da velhice e da doença.[236]

Ainda que se possa entrever com inegável clareza uma similitude funcional e, por via de consequência, uma identidade operacional entre o Uno-Bem e o Demiurgo, tal como descrito no *Timeu*, é preciso olhar mais atentamente também para o princípio oposto sobre o qual, a nosso ver, tanto um quanto o outro imprimem sua marca, digamos, *hylemórfica*. É necessário saber se a matéria do universo se identifica – e, em caso de resposta positiva, em que medida o faz – com a matéria de todos os seres a qual Aristóteles e outros pensadores atribuem à cosmologia de Platão e que deles recebe o nome *Díada do grande-e-do-pequeno*. Eis este ponto mais de perto:

> Sobre a Necessidade e a Díada do grande-e-do-pequeno das lições não-escritas

Platão começa assim a parte do seu discurso cosmológico dedicado ao princípio material do cosmos:

> Com poucas exceções, tudo o que expusemos até agora só diz respeito às operações da Inteligência (*tà dià noû dedemiourgeména*). Mas ao lado delas, precisamos tratar também do que ocorre por efeito da Necessidade (*tà di'anánkes*). De fato, a geração desse universo se produziu como mistura constituída por uma combinação de Necessidade e Inteligência (*memeigméne gàr oûn*

---

236. *Timeu*, 32b-33a.

he toûde toû kósmou génesis eks anánkes te kaì voû systáseos egennéthe). E dado que a Inteligência prevalece sobre a Necessidade pelo fato de persuadi-la (*peíthein autèn*) e por conduzir para o ótimo (*béltiston ágein*) a maior parte das coisas que se geram (*tôn gignoménon*), deste modo e por essas razões, por meio da Necessidade vencida pela persuasão inteligente, foi constituído desde o início este universo. Portanto, se alguém que dizer efetivamente como se gerou o universo, é preciso introduzir também a causa errante e tudo o que a sua natureza comporta (*planoménes eídos aitías, hei phérein péphyken*).[237]

Nesse trecho, Platão utiliza o termo Necessidade (*anánke*) para se referir a um princípio *disteleológico*, material, que sofre a ação coercitiva – determinadora, unificante, harmonizadora – da Inteligência (Demiurgo) para que o universo seja produzido. O texto deixa claro que a Necessidade, tal como apresentada ali, é um princípio antitético, oposto à Inteligência, mas que, misturado a ela – isto é, entregue à persuasão inteligente – produz o cosmos. Nesse sentido, a *mistura* da qual resulta todo o mundo físico é, na verdade, o resultado da ação persuasiva da inteligência demiúrgica sobre a falta de ordem originária que caracteriza a Necessidade (causa errante, causa da transformação e do movimento).

Não deve surpreender a quem nos acompanhou até aqui a semelhança "descritiva" e até mesmo operacional entre Necessidade e Díada do grande-e-do-pequeno, tal como relatada na *tradição indireta*. É interessante notar, ademais, que pouco depois de apresentar o novo elemento da sua cosmologia – a Necessidade – Platão sublinha uma vez mais a dificuldade de explicar o que ele pensa acerca do princípio ou dos princípios das coisas, "com respeito ao método da presente exposição"[238].

---

237. *Timeu*, 47e-48a.
238. *Timeu*, 48d.

Trata-se, ao que tudo indica, da mesma preocupação manifestada acerca do Bem na *República*, uma preocupação que, de modo inequívoco, dá margem à suposição de que o filósofo tenha de fato optado por não escrever sobre o que considerava serem os princípios (ao menos em termos definitivos)[239]. Aliás, Platão recorre ao mesmo instrumento utilizado naquele diálogo para falar no *Timeu*: uma narração verossímil na qual apresenta tão-somente os "juros" do capital principal. Vejamos os termos nos quais ele se exprime:

> Não vos cabe exigir de mim semelhante explicação [sobre os princípios], mesmo porque não chego a convencer-me de que tenho o direito de assumir a responsabilidade de tão dificultoso empreendimento. Fiel ao que disse no começo sobre o poder das explicações prováveis *(tèn tôn eikóton lógon dýnamin)*, tentarei apresentar uma interpretação dessas questões, assim no todo como em particularidades, tão verossímil – senão mais – quanto muitas, partindo do começo tal como fizemos antes. Assim, mais uma vez, no limiar de nossa exposição, invoquemos a divindade protetora, a fim de assegurar-nos livre trânsito nesta exposição estranha e insólita, até a conclusão ditada pela verossimilhança *(pròs tò tôn eikóton dógma)*.[240]

Tal como diz Reale, no *Timeu*, seguindo o procedimento do discurso verossímil,

> Platão caracteriza o princípio material com toda uma série de conotações, de caráter amplamente ontológico ou gnosiológico, acrescentando também uma série de imagens analógicas, algumas das quais muito belas; mas não chega às últimas conclusões.[241]

---

239. *República*, VI, 506d-507a.
240. *Timeu*, 48c-e.
241. REALE, G. *Op. Cit.* p. 449.

CAPÍTULO IV

Nessa convicção repousa a tese de que o Demiurgo no *Timeu* – e, por consequência, o princípio material sobre o qual ele imprime sua marca – pode ser mais bem explicado com a aproximação do instrumental não-escrito da filosofia platônica (já que ali estariam registrados de modo mais completo tanto a natureza quanto o agir de cada um dos princípios que, ao que tudo indica, se assemelham àqueles em certa medida).

Avancemos um pouco mais na caracterização analógica e prototípica que Platão nos oferece da Necessidade.

O filósofo diz que uma descrição o mais correta possível do universo exigirá mais do que os dois gêneros já referidos: o modelo inteligível, sempre igual a si mesmo, e a cópia do modelo, sujeita à geração. É preciso, diz ele, apresentar um terceiro gênero, uma vez que aqueles dois não foram suficientes, um gênero ao qual agora se vê obrigado a explicar – tanto na sua natureza quanto no seu modo de operar – por meio de palavras e que lhe parece "difícil e obscuro": isso que ele denomina "o receptáculo, a nutriz de tudo o que devém". Eis o texto:

> O novo começo de nossa descrição do universo exige uma divisão mais ampla que a anterior. Na primeira distinguimos dois gêneros; porém, agora precisaremos revelar mais um. Para o discurso anterior, bastavam aqueles: um, postulado como modelo (*hos paradeígmatos*), inteligível (*noetòn*) e sempre o mesmo (*aeì katà tautà ón*); o segundo, cópia desse modelo (*mímema dè paradeígmatos deúteron*) e sujeito ao nascimento (*génesis*). Não apresentamos o terceiro por acreditarmos que os dois eram suficientes. Mas agora, segundo parece, o discurso nos obriga a tentar esclarecer por meio da palavra uma espécie difícil e obscura (*khalepòn kaì amydròn*). Como devemos, então, conceber sua natureza e a maneira por que ela opera? Desta, principalmente: que é o receptáculo, por assim dizer, a nutriz de tudo o que devém (*páses eînai genéseos hypodokhèn autèn hoîon tithénen*). A assertiva é verdadeira, mas exige de nossa parte

linguagem mais clara, o que, sob vários aspectos, é tarefa bastante árdua (...).²⁴²

Platão se refere ao terceiro gênero que compõe a totalidade do universo como "Necessidade", "causa errante" e, agora, "receptáculo e nutriz de tudo o que devém". Parece-nos claro que o primeiro desses termos – "Necessidade" – signifique, tal como diz Grote, "(...) o indeterminado, o inconstante, o anômalo, isto que não pode ser nem entendido nem predito", e que nada tenha a ver como o moderno sentido normalmente atribuído à palavra (fixidez, permanência, algo inalterável)²⁴³. Além disso, o próprio Platão associa, de modo, muito claro, vale dizer, a Necessidade à falta de ordem e à impermanência, um princípio, por isso mesmo, *disteleológico*²⁴⁴.

No que diz respeito ao princípio material do universo enquanto "causa errante" (*planoméne aitía*), Burnet sugere que Platão tenha evocado a revolução dos planetas enquanto metáfora da não-regularidade que distingue a Necessidade²⁴⁵. Como se sabe, o termo grego para esses seres celestes é exatamente *planêtai*, nesse sentido, seres que *erram* pelo espaço, sem uma regularidade aparente. Cornford vai na mesma direção e vê no termo "causa errante" a remissão a algo que se nos afigura inescrutável e arbitrário²⁴⁶. Uma construção analógica e fortemente imagética para reafirmar a irregularidade do princípio material.

---

242. *Timeu*, 49a-b.
243. GROTE, G. *Plato and the Other Companions of* Socrates. Londres, 1865, III *apud* CORNFORD, F. M. *Op. Cit.* pp. 172-173.
244. *Timeu*, 46d-e, 53b.
245. BURNET, J. *Greek Philosophy*. Londres, 1914, pp. 345ss.
246. CORNFORD, F.M. *Op. Cit.* pp. 163-164. Ver também, TAYLOR, A.E. *Op. Cit.* p. 703.

CAPÍTULO IV

O sentido de "receptáculo e nutriz de tudo o que devém", ao que tudo indica, é elucidado pelo próprio Platão na seguinte passagem:

> De qualquer desses corpos [que compõem o universo material] é difícil dizer qual verdadeiramente deve ser denominado água, não fogo, e qual deveremos chamar por um determinado nome, em vez de empregar todos ao mesmo tempo ou um nome de cada vez, a fim de nos expressarmos de maneira segura e digna de confiança. Em que termos, então, e de que modo exporemos essa matéria, e que dificuldade devemos, desde o início, reconhecer? Para começar, vemos perfeitamente que o que denominamos água, ao condensar-se, segundo cremos, vira pedra e terra, e ao fundir-se e dissolver-se, esse mesmo corpo se transforma em vento e ar; o ar vira fogo quando se inflama e, por um processo inverso, o fogo, contraído e extinto, retoma a forma do ar, como o ar, tornando a reunir-se e condensar-se, vira nuvem e neblina, das quais, outra vez, comprimidas ainda mais, deflui a água, para desta, de novo, sair terra e pedra (...). Então, a ser assim, se nenhum deles não se mostra nunca sob a mesma forma (*oudépote tôn autôn hekáston phantadzoménon*), de qual poderá alguém afirmar com segurança que é tal coisa e não outra, sem se envergonhar de si mesmo? Não é possível. O mais seguro será exprimir-nos da seguinte maneira: sempre que virmos uma coisa mudar continuamente de estado (*aeì hò kathorômen állote állei gignómenon*) – o fogo, por exemplo – em nenhuma circunstância devemos dizer que se trata deste fogo, mas do apresenta tais e tais qualidades do fogo; nem da água, como esta água, mas como possuidora de suas qualidades, nem nos refiramos a nada como permanente, como fazemos sempre que os designamos pelas expressões esta ou aquela (*tóde kaì toûto*), no pressuposto de que indicamos algo definido (*deloûn hegoúmethá ti*).[247]

---

247. *Timeu*, 49b-e.

Ora, Platão se refere às coisas que a Necessidade acolhe como imagens de um modelo eterno que é sempre. Foi visto também que, de acordo como os princípios axiológicos que sustentam toda a tratação cosmológica do diálogo, essas imagens que imitam o que é sempre não são permanentes como o modelo a partir do qual são construídas, mas seres que não escapam à constante força do devir, da geração e da temporalidade: cópias que mudam incessantemente e sobre as quais não podemos formular mais do que opiniões alicerçadas nas percepções sensoriais. É devido a essa natureza mutável de tudo o que compõem o universo físico, que Platão assevera a impossibilidade de afirmar que tal coisa seja "isto" ou "aquilo" sem o risco de emitir parecer errado sobre a realidade. Nesse mundo dos sentidos, tudo o que nos resta é a opinião "por semelhança", isto é, um tipo de julgamento que não diz o que a coisa seja de fato – o que no mais parece ser impossível no reino dos seres materiais – mas que sugira que tal coisa se assemelhe a "isto" ou a "aquilo" naquele momento. Dizer que isto *é* água ou que *é* fogo, em acepção ontológica forte, não se harmoniza com o caráter incerto dos fenômenos físicos. Por isso, continua Platão, o "isto" ou o "aquilo" só podem se referir àquilo que subjaz todos os seres que mudam e no qual eles são plasmados, o receptáculo. Eis o texto:

> Esses elementos nos escapam a todo instante, sem esperar que os designemos por isto ou aquilo (*tóde kaì toûto*) ou este ser ou qualquer outra expressão que os apresente como permanentes (*mónima*). Não devemos aplicar semelhantes expressões a nenhum deles, mas reservá-las para o que é sempre tal e circula com a mesma qualidade, quer nos refiramos apenas a um ou a todos em conjunto (*tò dè toioûton aeì peripherómenon hómoion hekástou péri kaì sumpánton hoúto kaleîn*). Deste modo, daremos o nome de fogo ao que em todas as circunstâncias

CAPÍTULO IV

apresenta essa qualidade, e assim, também, com tudo o que está sujeito ao nascimento. Somente aquilo em que cada um desses elementos nasce e aparece sucessivamente, para logo depois desaparecer, é que poderá ser designado pelas expressões isto e aquilo; ao passo que a tudo quanto apresente determinada qualidade, quente, branco ou algum de seus contrários, e também quando deles derivar, não poderemos aplicar nenhuma daquelas expressões.[248]

Para Platão, dessa forma, o receptáculo, a nutriz de todos os seres físicos, é a única coisa que *permanece* (ainda que uma permanência de indeterminação) no mundo físico. Isso porque é a partir dele que tudo se gera, uma verdadeira "matéria-prima" que se deixa moldar em infinitas formas, em infinitas imagens. E o modo como isso ocorre nos explica o próprio Platão:

> Suponhamos que um artista modelasse com ouro figuras das mais variadas formas (*skhémata plásas ek khrusoû*), sem parar de passar de uma forma para outra, e, ao mostrar a alguém uma dessas figuras, se essa pessoa lhe perguntasse o que era aquilo, a resposta mais próxima da verdade seria declarar que é ouro (*makrôi pròs alétheian asphaléstaton eipeîn hóti khrusós*), pois não fora lícito falar do triângulo ou de qualquer outra figura formada com aquele mesmo material como de seres realmente existentes (*hos ónta*), pois todas aquelas formas se modificam (*metapíptei*) no próprio instante em que são apresentadas. Basta-nos poder afirmar com certo grau de certeza que são possuidoras de tais e tais qualidades (*tò toioûton met'asphaleías ethèlei dékhesthaí tinos*). O mesmo se diga da natureza que recebe todos os corpos (*tês tà pánta dekhoménes sómata phýseos*): deve ser designada como a mesma, pois jamais se despoja de seu próprio caráter; recebe sempre todas as coisas, sem nunca assumir, de maneira alguma, o aspecto do que entra nela (*dékhetaí te gàr aeì tà pánta, kaì morphèn*

---

248. *Timeu*, 49e-50a.

oudemían potè oudenì tôn eisiónton homoían eílephen oudaméi oudamôs). Por natureza, é matriz de todas as coisas (*ekmageîon gàr phýsei pantì keîtai*); movimenta-se e diversifica-se pelo que entra nela, razão de parecer diferente, conforme as circunstâncias. Quanto às coisas que entram e saem (*eisiónta kaì eksiónta*), devem ser consideradas cópias das que são sempre (*tôn ónton aeì mimémata*), cunhadas sobre esse modelo, por maneira admirável e difícil de explicar (*dúsphraston kaì thaumastón*).[249]

O receptáculo, a Necessidade, é um princípio material informe e plasmável de inúmeras maneiras. Infinitas são as formas que o ouro, enquanto receptáculo, acolhe e "gera", sem que, por isso, deixe de ser sempre ouro e passe a ser, em definitivo, aquilo que acolhe.

A metáfora do ouro desenha de modo irretocável tanto a natureza quanto o agir desse terceiro gênero que compõe o universo, um substrato amorfo, a nutriz de tudo o que devém. Não obstante isso, é preciso dizer que a Necessidade não pode ser entendida como pura *disteleologia*, isto é, como acaso (*týche*)[250] em grau absoluto. Fosse assim, o receptáculo seria total irracionalidade e, nesse caso, jamais seria persuadido pela Inteligência que a domina e com a qual compõe o cosmos[251]. Tal como destaca H. Happ:

> (...) só pode ser persuadido aquele que, malgrado múltiplas diferenças com o parceiro, concorda com ele em certa medida. Aqui, alude-se manifestamente ao fato de que os dois Princípios (*noûs-anánke*), permanecendo em fundamental oposição, podem ser referidos um ao outro, se devem em geral agir juntos.[252]

---

249. *Timeu*, 50b-c.
250. *Timeu*, 69b.
251. REALE, G. *Op. Cit.* p. 453.
252. HAPP, H. *Hyle. Studien zum aristotelischen Materie-Begriff*. Berlim-Nova Iorque, 1971 *apud* REALE, G. *Op. Cit.*p. 453.

Essa é, a meu ver, a chave de compreensão fornecida, em grau ontológico inferior, pela Inteligência demiúrgica e pela Necessidade para a devida compreensão tanto de parte da natureza do princípio bipolar das lições não-escritas quanto do seu agir em nível hierárquico meta-ideal. O receptáculo, assim como a Díada do grande-e-do-pequeno, ao que tudo indica, confunde-se, ao menos em certa medida, com o *ápeiron*, e com a matriz que Aristóteles e outros autores da *tradição indireta* atribuem ao pensamento do nosso filósofo e, por sua vez, o agir do Demiurgo parece-nos, como já dissemos, muito semelhante – não igual, todavia – ao do Uno-Bem das *ágrapha dógmata*. Tratemos, por fim, dessa que é para nós uma fecunda analogia entre os binômios Uno-Demiurgo/Díada-Necessidade.

Uno e Díada, Demiurgo e Necessidade no Timeu

Em primeiro lugar, é preciso deixar claro que, não obstante possuam similitudes funcionais, Uno-Bem e Demiurgo não são exatamente a mesma coisa. É verdade que o agir do Demiurgo, tal como descrito no *Timeu*, parece ser marcado por uma polivalência funcional cujos termos são praticamente idênticos àqueles com os quais os autores da *tradição indireta* – bem como o próprio Platão – se referem ao Uno-Bem. O Demiurgo é causa do belo, da perfeição, da justiça e da unidade – na medida em que isso é possível – exatamente porque "persuade" a desordem originária, levando-a à ordem[253]. Sem essa intervenção persuasiva, não há a mistura – harmoniosa comunhão de Necessidade e Inteligência – a partir da qual o mundo, em plano ontológico inferior, *vem-a-ser*. Não obstante isso, o Demiurgo agrega em si uma dupla

---

253. *Timeu*, 30a.

atividade que, a confiar na *tradição indireta* até agora catalogada, não se aplica *por identidade* ao Uno-Bem, a saber: uma atividade "teorético-contemplativa" e uma outra "prático-eficiente". Esse ponto será visto com mais atenção.

O Demiurgo é uma inteligência que produz, gera, causa uma realidade – nesse sentido, lhe confere *ser* – a partir de um modelo ontologicamente superior, um plano de seres inteligíveis que, em decorrência do agir direto do Demiurgo, torna-se um original a ser copiado. Note-se que sem a admissão da existência do Demiurgo – anunciada nos axiomas científicos que sustentam o discurso cosmológico[254] –, o inteligível não é, efetivamente, um "original". Sem o *nous* demiúrgico – que condiciona inclusive a possibilidade de contemplação – e, por via de consequência, sem o seu agir prático, o mundo ideal é condição necessária, mas não suficiente para a construção do universo. Esse ponto, ao qual já aludimos, está em plena harmonia com a célebre fórmula platônica segundo a qual o que antecede pode existir sem o que sucede, mas o que sucede não existe sem o que antecede[255]. Entretanto, poder-se-ia igualmente atribuir ao Uno-Bem uma atividade contemplativa semelhante à do Demiurgo? Não, ao que tudo indica. Isso porque ele não é, em nenhum sentido, um "misto" de princípio formal e princípio material e, por isso mesmo, não é propriamente *ser*, estando "acima e para além das essências"[256], isto é, "para fora das coisas"[257]. Ora, parece claro que as limitações operacionais do Demiurgo sejam impostas tanto pelo modelo eterno que contempla quanto pela Necessidade que deve persuadir, ambos preexistentes. O Uno-Bem,

---

254. *Timeu*, 27d-29d.
255. *Cf.* p. 12 *supra*.
256. Platão, *República*, VI, 509b-c.
257. Aristóteles, *Metafísica*, A6, 988a.

CAPÍTULO IV

por sua vez, é princípio formal supremo, causa de verdade, de cognoscibilidade, de poder de conhecer, de beleza, de sensatez, de justiça e inteligência – sem ser, ele mesmo, nada disso de que é causa[258]. Assim, se o agir *henológico* é condicionado por alguma coisa, definitivamente não pode ser por algo que o anteceda – dado que nada *é* antes dele –, mas, no limite, pela natureza do princípio material que se lhe antepõe, a Díada do grande-e--do-pequeno. Seja isto correto, pode-se sim compreender, em termos prototípicos e analógicos, o proceder demiúrgico a partir do Uno-Bem – ambos como "causas formais" e "eficientes" em seus respectivos planos de atuação –, desde que seja feita essa ressalva concernente à natureza ontológica de cada um: só o Demiurgo contempla um modelo – porque dele depende – para agir, enquanto que o Uno-Bem é ele mesmo, na medida em que imprime sua forma no princípio oposto, modelo e causa eficiente do que dele sucede.

Por sua vez, a natureza e o modo de agir do princípio material do *Timeu* são descritos de modo muito semelhante àquele com o qual a *tradição indireta* se refere à Díada Indefinida. Entre outras coisas, ademais, para nos lembrarmos apenas de uma passagem de um dos textos que compõem o *Corpus* dos relatos exteriores, Aristóteles chama a Díada de Platão de "elemento de todos os seres", matéria que tem a função de substrato tanto dos seres sensíveis quanto das Ideias[259]. Há mais, porém. Num outro texto de Simplício – citando Eudemo – a Díada vem diretamente associada ao movimento caótico atribuído à Necessidade no *Timeu*. Leiamos o texto de Simplício seguido pelo trecho correspondente do *Timeu*:

---

258. Cf. pp. 29-30 *supra*.
259. *Metafísica*, A6, 987b-988a.

(...) Eudemo, antes de Alexandre, examinando a opinião de Platão sobre o movimento, e opondo-se a ela, escreve: "Platão diz que o movimento é o grande-e-o-pequeno, o não-ser, o anômalo e tudo o que conduz ao mesmo com relação a estes (*tò méga kaì mikròn kaì tò mè òn kaì tò anómalon kaì hósa toútois epì tautò phérei tèn kínesin légei*). Mas dizer que justamente isso é movimento parece absurdo: de fato, quando existe movimento, parece que se move aquilo no qual ele existe. Mas é ridículo dizer que, existindo o desigual e o anômalo (*anísou dè óntos è anomálou*), é necessário que se movam. De fato, é melhor dizer que essas coisas são causas (*aítia*), como diz Arquita". E, pouco depois, ele acrescenta: "Os pitagóricos e Platão reconduzem, por boa razão, o indefinido ao movimento (*tò aóriston/epì tèn kínesin*) (...)".[260]

E Platão:

> Ora, nutriz da geração (*genéseos tithénen*) umedecida e inflamada, acolhendo em si as formas da terra e do ar, e passando por todas as modificações que se lhes seguem, mostrava-se infinitamente diversificada. E por estar cheia de forças que nem era eram iguais nem equilibradas, não mostrava equilíbrio em nenhuma de suas partes (*oudèn autês isorropeîn*); oscilando irregularmente em todos os sentidos, era agitada por essas forças e, posta em movimento, por sua vez as agitava. Movimentando-se desse modo, sem pausa, separavam-se as coisas e dispersavam-se em várias direções, como ocorre com a limpeza do trigo, quando, movimentado e ventilado pelas peneiras e por outros instrumentos, as partes densas e pesadas se juntam de um lado, as partes finas e mais leves de outro (...) e, por isso, umas ocupavam um lugar e outras um lugar diferente, mesmo antes de que com elas se gerasse o universo ordenado (*prìn kaì tò pân eks autôn diakosmethèn genésthai*). E antes disso todas as

---

260. Simplício, *Arist. Phys.*, pp. 430, 16 Diels *apud* REALE, G. p. 467.

coisas se encontravam sem razão e sem medida. Quando o universo começou a ser posto em ordem (*kosmeîsthai*), o fogo em primeiro lugar, a terra, o ar e a água já revelavam traços de sua própria natureza, mas se encontravam na condição em que é de esperar que esteja o que carece da presença de Deus (*ékhein hápan hótan apêi tinos theós*).[261]

Ambas, Díada e Necessidade estão associadas a um tipo de movimento primitivo, de agitação primordial, característicos do que se encontra sem Deus, nesse contexto, sem a presença antitética de uma causa ordenadora e unificante que condiciona a mistura a partir da qual, em plano ontológico superior, são concebidas as Ideias e, em plano ontológico inferior, o mundo da *physis*. Seja correta essa hipótese, Díada e Necessidade não se confundem totalmente, entretanto, esta última é parte daquela, vale dizer, em seu nível "mais baixo".

Mas a relação direta entre o *Timeu* de Platão e a *tradição indireta*, no que diz respeito ao binômio Díada/Necessidade, não é relatada apenas pelo texto de Simplício. Vejamos o que diz Aristóteles sobre o princípio material, tal como tratado especificamente no *Timeu*.

> Por isto, também Platão no *Timeu* diz que a matéria e a espacialidade (*hýlen kaì tèn khóran*) são a mesma coisa: de fato, o participante e a espacialidade (*metaleptikòn kaì tèn khóran*) são uma única e mesma coisa. Mas, não obstante ele defina de modo diferente o participante aqui e nas assim ditas doutrinas não-escritas, disse claramente que o lugar e a espacialidade (*tòn tópon kaì tèn khóran*) são a mesma coisa. De fato, todos dizem o lugar é alguma coisa (*ti tòn tópon*), mas o que seja, precisamente, apenas ele tentou dizer.[262]

---

261. *Timeu*, 52d-53b.
262. *Física*, IV 2, 209b.

E ainda:

> Em verdade, seria necessário perguntar a Platão se nos é lícito sair do nosso discurso, por que as Ideias e os Números não estão num lugar (*dià tí ouk en tópoi*), dado que o participante é o lugar (*methektikòn ho tópos*), quer ele seja o grande e o pequeno (*toû megálou kaì toû mikroû*), quer ele seja a matéria (*tês hýles*), como escreveu no *Timeu*.[263]

Como dito outras vezes, não me interessa aqui a apropriação teorética que Aristóteles faz da filosofia de Platão, mas, isso sim, a apropriação histórica e o conteúdo objetivo que resulta dela. No primeiro passo que citei de sua *Física*, o Estagirita, que foi por vinte anos um membro destacado da Academia, sublinha uma clara identificação entre matéria, espacialidade, lugar e participante – esse último, segundo ele, "definido de forma diferente" nas lições não-escritas – na filosofia do mestre. São, muito provavelmente, formas utilizadas por Aristóteles para se referir àquele terceiro gênero aduzido por Platão para que a descrição do universo ficasse completa (ao qual ele se refere como "receptáculo" e "nutriz de todas as coisas", como vimos)[264]. De fato, tal como relata Aristóteles, Platão associa de forma inequívoca o terceiro gênero à espacialidade no *Timeu*, gênero que, definido de forma diferente, talvez tenha recebido, nas lições orais, exatamente o nome utilizado por seu discípulo no segundo trecho da *Física* supracitado: "o grande-e-o-pequeno". Eis o texto de Platão:

> (...) teremos de admitir que há, primeiro, a idéia imutável, que não nasce nem perece e que não acolhe de fora outra coisa, nem passa jamais a outra coisa, e não é visível nem perceptível

---

263. *Física*, IV 2, 209b.
264. *Timeu*, 49a-b.

CAPÍTULO IV

de qualquer jeito, e só pode ser apreendida pelo pensamento. A outra espécie tem o mesmo nome da primeira e com ela se parece, porém, cai na esfera dos sentidos; é engendrada, está sempre em movimento, devém num determinado local, para logo desaparecer daí, e é apreendida pela opinião acompanhada pela sensação. E, por sua vez, é preciso admitir que há um terceiro gênero, o do espaço, que é sempre e não é sujeito a corrupção, que fornece uma sede a todas as coisas sujeitas à geração; e este é captável sem os sentidos com um raciocínio bastardo e dificilmente crível (*tríton te én aû génos òn tò tês khóras aeí, phthoràn ou prosdekhómenon, hédran dè parékhon hósa ékhei génesin pásin. autò dè met'anaisthesías haptòn logismôi tini vóthoi, mógis pistón*).[265]

A meu ver, afirmar que o terceiro gênero – do espaço, da Necessidade, do receptáculo ou da nutriz de tudo o que devém – é captável apenas com um "raciocínio bastardo e dificilmente crível", ou ainda, que ele seja uma espécie "difícil e obscura"[266], faz parte do "jogo" que Platão reconhece na arte de compor um escrito[267]. Talvez seja mesmo à luz da censura à escrita aduzida do *Fedro* e da *Carta VII* que se deva compreender alegações assim pessimistas. Não se esqueça – para ficar nos diálogos tratados aqui – de que elas são recorrentes tanto no *Timeu*, quando o princípio *diádico-material* e o princípio *proto-demiurgico* são entrevistos, quanto na *República*, quando Platão paga os juros do Uno-Bem. Isso não quer dizer, entretanto, que todas as hesitações e passos de omissão verificados em seus diálogos sejam alusões a princípios supremos tratados em doutrinas não-escritas. Essa é uma convicção que,

---

265. *Timeu*, 52a-b.
266. *Timeu*, 49a-b.
267. *Fedro*, 275d-276a.

não obstante sustentada por *Tübingen-Milão*, está, a meu ver, muito distante de ser comprovada[268].

Creio ser possível, e até mesmo desejável, admitir uma autonomia literária e uma completude dramática do *Timeu*. Não é o caso de afirmar nele um caráter de absoluta *inconclusividade* (também porque, como vimos, foi concebido por Platão como um prólogo de uma tríade dialógica de grande importância). Entretanto, julgo que um seu pleno entendimento filosófico não possa prescindir daqueles elementos protológicos noticiados pela *tradição indireta* e, em parte, pelo próprio Platão – em especial se se trata de conhecer mais a fundo tanto o Demiurgo quanto a Necessidade. Por ser razoável, a adoção daqueles elementos reafirma, a um só tempo, tanto o caráter mnemônico-propedêutico do diálogo, quanto a necessidade de ir para além dele a fim de compreendê-lo, digamos, por completo. Por que não levar a sério a hipótese de que, ao registrar as dificuldades envolvidas num discurso sobre temas fundamentais da discussão, Platão estivesse cumprindo a dupla tarefa de proteger de almas não-adequadas aquilo que lhe era mais caro e de lembrar aos discípulos que, naquele exato momento, era preciso recordar as lições orais? Dado que, entre outras coisas, não foi feito para ensinar e que é pouco sério, seria no mínimo estranho pensar que Platão pudesse dar aos seus textos um caráter de absoluta completude filosófica[269]. Não por outro motivo, creio que o Demiurgo e a *anánke* do *Timeu* sejam mesmo tão-somente aspectos particulares de uma filosofia que, numa visão global, dependia ainda de uma Protologia fundadora.

---

268. SLEZÁK, Th. A. *Platone e la scrittura della filosofia*. Milano: Vita e Pensiero, 1992, *passim*.
269. *Fedro*, 274b-278e.

CAPÍTULO IV

Eu disse noutra sede que, a um leitor de hoje, o texto platônico parece tão belo quanto estranho. Nós, filhos da exigência moderna do escrito "completo", "terminado" e o mais possível "claro", para lermos e compreendermos minimamente um diálogo de Platão temos de suprimir algumas das nossas categorias mentais, também elas filhas do nosso tempo. De fato, "hoje apressamo-nos a tornar sabido, o máximo possível e ao maior número de pessoas possível, qualquer coisa que pensemos ter descoberto. As razões que nos impelem a fazê-lo podem ser muitas. Em geral, domina o espírito do liberalismo pluralista do nosso tempo, que nos empurra para a concorrência aberta. Habitualmente, já a preocupação com a carreira e o medo de ser superados por outros constituem motivos que levam a comunicar, por todos os modos possíveis, o que se alcançou"[270]. O problema reside pois no fato de tendermos naturalmente a julgar o passado consoante as nossas experiências e convicções, sem as devidas e necessárias mediações/precauções culturais, sociais e educativas típicas de outros momentos históricos que, de certo modo, deveriam condicionar fortemente a nossa abordagem hermenêutica. Resta-nos, por exemplo, bastante incompreensível, a limitação da comunicação filosófica pretendida livremente, o jogo da escrita que quer manter escondido o que parece ser essencial, o passo de omissão deliberado, a aporia literária tardia apresentada quando todos os elementos capazes de a eliminar foram mostrados anteriormente, para citar algumas das "estranhezas" recorrentes no texto do nosso filósofo. Antes de mais, o paradigma hermenêutico adotado pode desempenhar um papel fundamental, caso o contato entre o desatento e um texto insólito na composição originem algumas impropriedades hermenêuticas caracterizadas pelo anacronismo: de fato, com um olhar mediado

---

[270]. SZLEZÁK, *Platone e la scrittura*... cit., p. 45.

por certas clarificações conceituais, da valorização de termos descuidados ou não adequadamente considerados podemos apropriar-nos — por quanto historicamente possível — de algumas das categorias interpretativas básicas, muitas vezes anunciadas pelo próprio autor, que permitem compreender que, no final, a estranheza não está no texto, mas no leitor que frequentemente aplica ao texto e ao pensamento do autor categorias que este não pode ter[271].

Ao que parece, entre as outras coisas, por fim, é preciso reter que o diálogo platônico quer reproduzir, nos limites impostos pela própria natureza do escrito, a tensão real de pergunta e resposta que há no diálogo vivido, tal como acontece na comunicação oral[272]. É enquanto "reprodução", todavia, que o diálogo escrito se torna, em situações bem determinadas em que as personagens escolhidas conversam entre si, instrumento de diálogo com o leitor. Esse diálogo "texto-leitor", porém, nunca (ou quase nunca) é completamente transparente, como gostaríamos que fosse. Platão vale-se do seu extraordinário talento artístico para fazer um tipo de literatura que de certo modo seleciona os leitores segundo a sua capacidade de interagir, mais superficial ou profundamente, com o que o texto diz (uma espécie de recurso técnico que, na ausência do "pai-autor", procura "defender" o mais possível as ideias do autor de mal-entendidos e de leituras incapazes de lhe fazer justiça). Passos de omissão, contradições aparentes, reenvios, esquecimentos e mudanças de pensamento aparentemente inexplicáveis são, pois, em muitos casos, as "armas" com que Platão protege os seus "filhos". Todavia, o filósofo nunca abandona o leitor à sua sorte: provoca-o, mas fornece-lhe também os instrumentos que pensa serem úteis para

---

271. GAISER, *La dottrina non scritta di Platone...* cit., pp. 7-20.
272. FINDLAY, *Platone: Le dottrine scritte...* cit., pp. 5-8.

o trabalho que impõe. A meu ver, não há dúvidas: o aspecto *teatrológico* do texto é um desses instrumentos de apoio ao leitor que, em vez de acumular informações, quer fazer filosofia a partir do que escreve Platão. De fato, "não devemos colocar somente o problema de perceber o que as personagens estão a fazer no diálogo, que é o conteúdo teórico que se está a desenvolver sob os nossos olhos, mas é preciso 'apreender' o que Platão, com a invenção deste diálogo, isto é, com os instrumentos teóricos e dramatúrgicos que ele deliberadamente cria, nos está a dizer.

Trata-se de não seguir só o diálogo interno, mas de assumir uma atitude filosófica, capaz de aceitar o tipo de diálogo que o texto impõe, para chegar ao âmago da provocação teorética construída por Platão"[273].

Pelo que pudemos ver, Platão não é um autor qualquer. Mas isso, não apenas pela sua genialidade, por ser um dos maiores de todos os tempos: mas também por falar de filosofia de modo único. Como Platão falava de filosofia? Bem, espero ter ajudado a responder a tal questão e, ao mesmo tempo, de estimular mais e mais o contato com este mestre do espírito humano.

---

273. MIGLIORI, *Platone tra oralità...* cit., pp. 42-3.

REFERÊNCIAS

I. TEXTOS-BASE DE ARISTÓTELES E PLATÃO

ARISTÓTELES. *Física I-II*. Tradução e notas de Lucas Angioni. Campinas: IFCH/UNICAMP, 2002.

____. *Metafísica*. Edição bilíngue estabelecida por Giovanni Reale (com tradução para o português de Marcelo Perine). São Paulo: Loyola, 2002.

ARISTOTLE. *Metaphysics XIII-XIV*, Tradução e comentário de Julia Annas, Oxford: Clarendon Press, 1976.

PLATÃO. *Platonis Opera*, ed. J. Burnet. Oxford, 1892-1906 (com várias edições).

____, *Timeu*. Tradução de Carlos Alberto Nunes. Belém: Ed. Universitária UFPA, 2001.

____. *A República*. Tradução e notas de Maria Helena da Rocha Pereira, Lisboa: Fundação Calouste Gulbenkian, 1972.

____. *Fedro – Cartas – Primeiro Alcibíades*. Belém: Ed. Universitária UFPA, 1975.

____. *The Dialogues of Plato*, tradução inglesa por Benjamin Jowett, ed. Encyclopaedia Britannica.

____. *Timaeus - Critias*, texto e tradução de A. Rivaud, Paris: Les Belles Lettres, 1949.

1.1. BIBLIOGRAFIA SECUNDÁRIA

ANNAS, Julia. (1974). *Forms and First Principles*, Phronesis 19.

BRISSON, Luc. *Platon: Timée/Critias*. Présentation et traduction par Luc Brisson. Paris: Flammarion, 1999.

BURNET, J. *Greek Philosophy*. London, 1914.

CAIZZI, Fernanda. *Filologia, Filosofia e "nuovi paradigmi". In margine a un'edizione del Fedro di Platone*. Rivista di storia della filosofia, 53, 1998.

CHERNISS, Harold. *The Riddle of the Early Academy*. Berkeley-Los Angeles, 1945.

_____. *Aristotle's Criticism of Plato and the Academy*. Baltimore, 1944 (Nova Iorque, 1974).

CORNFORD, Francis M. *Plato's Cosmology*: *The* Timaeus *of Plato*. Translated, with a running commentary, by F. M. Cornford. Indianapolis/Cambridge: Hackett Publishing Company, 1997.

DERRIDA, Jacques. *A Farmácia de Platão*. Tradução de Rogério da Costa. São Paulo: Iluminuras, 1991.

EGGERS LAN, Conrado. *Lo intermedio, el mundo y la materia en el "Timeo" de Platón*. Méthexis 10, 1997.

FINDLAY, J. N. Plato: *The Written and Unwritten Doctrines*, New York, 1974. (tradução italiana *Platone: Le dottrine scritte e non scritte*. Con una raccolta delle testimonianze antiche sulle dottrine non scritte. A cura di Giovanni Reale. Milano: Vita e Pensiero, 1994).

FOLSCHEID, D., WUNENBURGER, J.J. *Metodologia Filosófica*. São Paulo: Martins Fontes, 1997.

GADAMER, Hans-Georg. *Dialogue and Dialetic: Eight hermeneutical studies on Plato*. Translated and with introduction by P. Christopher Smith. Yale University Press, 1980, p.p. 124-129.

GAISER, Konrad. *La dottrina non scritta di Platone*: Studi sulla fondazione sistematica e storica delle scienze nella scuola platonica. Milano: Vita e Pensiero, 1994.

_____. *La metafisica della storia in Platone*. Vita e Pensiero, Milano, 1988.

REFERÊNCIAS

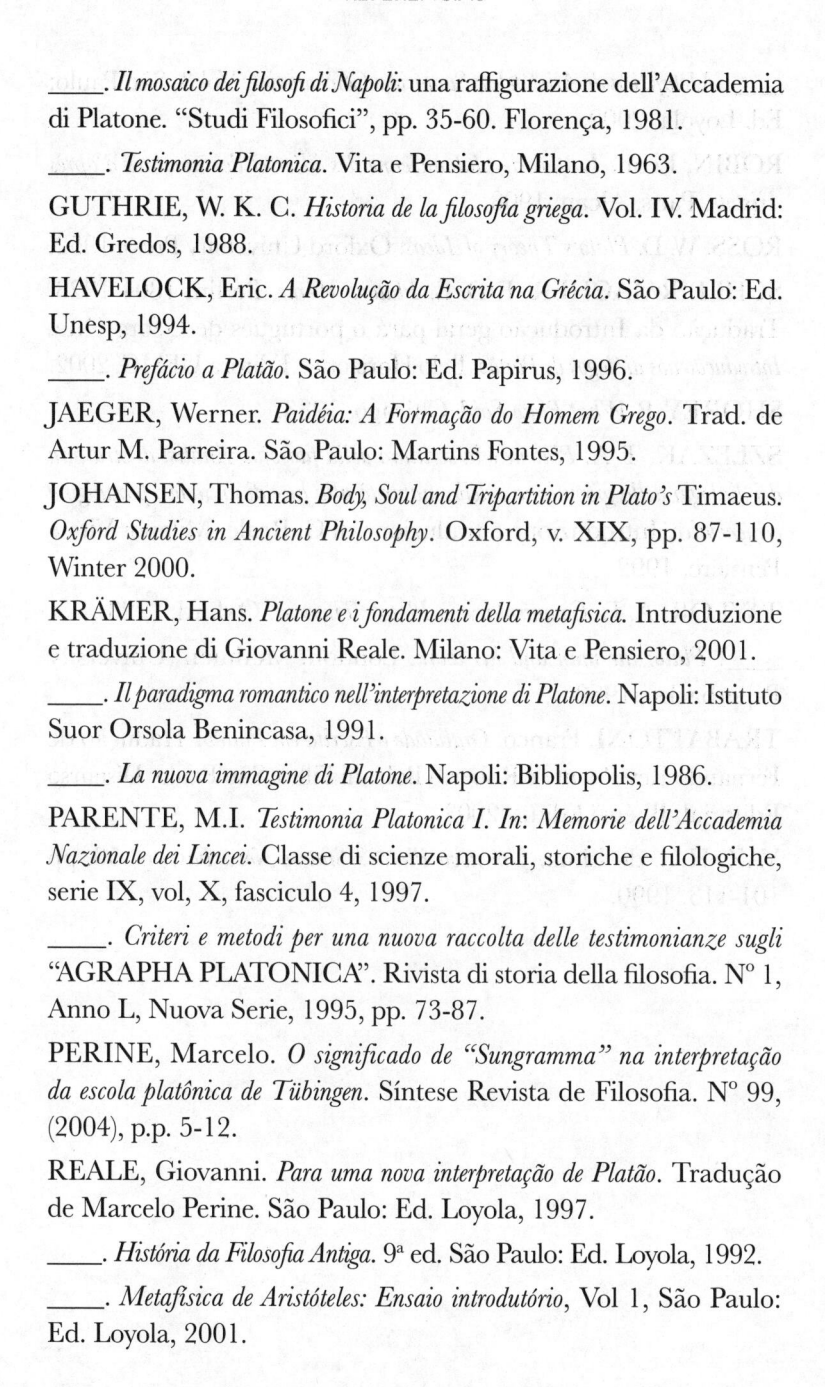

_____. *Il mosaico dei filosofi di Napoli*: una raffigurazione dell'Accademia di Platone. "Studi Filosofici", pp. 35-60. Florença, 1981.

_____. *Testimonia Platonica*. Vita e Pensiero, Milano, 1963.

GUTHRIE, W. K. C. *Historia de la filosofia griega*. Vol. IV. Madrid: Ed. Gredos, 1988.

HAVELOCK, Eric. *A Revolução da Escrita na Grécia*. São Paulo: Ed. Unesp, 1994.

_____. *Prefácio a Platão*. São Paulo: Ed. Papirus, 1996.

JAEGER, Werner. *Paidéia: A Formação do Homem Grego*. Trad. de Artur M. Parreira. São Paulo: Martins Fontes, 1995.

JOHANSEN, Thomas. *Body, Soul and Tripartition in Plato's* Timaeus. *Oxford Studies in Ancient Philosophy*. Oxford, v. XIX, pp. 87-110, Winter 2000.

KRÄMER, Hans. *Platone e i fondamenti della metafisica*. Introduzione e traduzione di Giovanni Reale. Milano: Vita e Pensiero, 2001.

_____. *Il paradigma romantico nell'interpretazione di Platone*. Napoli: Istituto Suor Orsola Benincasa, 1991.

_____. *La nuova immagine di Platone*. Napoli: Bibliopolis, 1986.

PARENTE, M.I. *Testimonia Platonica I*. In: Memorie dell'Accademia Nazionale dei Lincei. Classe di scienze morali, storiche e filologiche, serie IX, vol, X, fasciculo 4, 1997.

_____. *Criteri e metodi per una nuova raccolta delle testimonianze sugli* "AGRAPHA PLATONICA". Rivista di storia della filosofia. Nº 1, Anno L, Nuova Serie, 1995, pp. 73-87.

PERINE, Marcelo. *O significado de "Sungramma" na interpretação da escola platônica de Tübingen*. Síntese Revista de Filosofia. Nº 99, (2004), p.p. 5-12.

REALE, Giovanni. *Para uma nova interpretação de Platão*. Tradução de Marcelo Perine. São Paulo: Ed. Loyola, 1997.

_____. *História da Filosofia Antiga*. 9ª ed. São Paulo: Ed. Loyola, 1992.

_____. *Metafísica de Aristóteles: Ensaio introdutório*, Vol 1, São Paulo: Ed. Loyola, 2001.

_____. *Metafísica de Aristóteles: Sumário e Comentários*, Vol 3, São Paulo: Ed. Loyola, 2002.

ROBIN, Léon. *La theorie platonicienne des idées et des nombres d'après Aristote*. Paris, Alcan, 1908.

ROSS, W. D. *Plato's Theory of Ideas*. Oxford University Press, 1952.

SCHLEIRMACHER, F. D. E. *Platons Werke*, Berlim 1804-1828. Tradução da Introdução geral para o português de Georg Otte. *Introdução aos diálogos de Platão*. Belo Horizonte, Editora UFMG, 2002.

SHOREY, P. *What Plato Said*. Chicago, 1933.

SZLEZÁK, T. A. *Platone e la scrittura della filosofia. Analisi di struttura dei dialoghi della giovinezza e della maturità alla luce di un nuovo paradigma ermeneutico*. Introduzione e traduzione di G. Reale. Milano: Vita e Pensiero, 1992.

TAYLOR, A. E. *Commentary on Plato's Timaeus*. Oxford, 1928.

_____. *Plato: the man and his work*. London: Methuen (University Paperbacks), 1960.

TRABATTONI, Franco. *Oralidade e Escrita em Platão*. Tradução de Fernando Rey Puente e Roberto Bolzani Filho. São Paulo: Discurso Editorial; Ilhéus: Editus, 2003.

VAZ, H.C. de Lima. *Um novo Platão? Síntese Nova Fase*, n° 50, pp 101-113. 1990.